集英社文庫

憲法なんて知らないよ

池澤夏樹

集英社版

憲法なんて知らないよ　目次

この作品は、二〇〇三年四月、単行本としてホーム社より発行、
集英社より発売されました。

本文イラスト　山口マオ

憲法なんて知らないよ

まえがき、
あるいは「つまり、こういうことなんだ」

1

憲法《けんぽう》って、あんまり感じがよくない。

だいたい響《ひび》きが悪いよ、「ケンポー」なんて。

音が硬《かた》くて、とんがっている。

剣法《けんぽう》とか拳法《けんぽう》とか、似た言葉がどれもあぶない感じで、近づきたくない。

これがもしも「のんぽう」とか「ゆんぽう」だったらずっと感じがよかったのかもしれないけれど、「のん」も「ゆん」も漢字ではめったにない音だ。


しかたがないから憲法という言葉を使おう。

ほんとうを言うと、ぼくだって普段《ふだん》は忘れているさ。

教科書に出てきたし、新聞でもときどき見る。たまにテレビで聞いたこともある。

だけど、いっしょうけんめい覚えても、試験以外では役に立つものじゃないみたい。

そんなもんだよね、常識《じょうしき》として。


でもまあ、ちょっと考えてみよう。

なぜ憲法がいるのか。

憲法って、法律《ほうりつ》ぜんぶのもとだ。

ならば、なんで法律がいるのか、それを考えなくてはいけないことになる。

人は喧嘩《けんか》するものだから、というのが、たぶん、その悲しき理由だね。

喧嘩する。争う。モノを取り合う。いばる。いじめる。

人って、ほんとうに美しくて、いとおしくて、すばらしいのに、でも嫌《いや》な面もたくさんある。

社会の始まりまで戻ってみよう。

たぶん最初から人は仲間と一緒《いっしょ》に暮らしていた。人の祖先は孤独《こどく》なゴリラ型ではなく、集団生活のチンパンジー型だった。

そうすると、強い奴《やつ》と弱い奴が出てくる。強いのがいばるし、おいしい物は先に食べるし、雌《めす》を独占したりして。

強い奴はいい気持ちかもしれない。

だけど、人間の場合は弱い奴のことも考えて社会を作ろうと決めたんだ。弱い奴の方を土台にして、と言ってもいい。

それができたのは、たぶん人間に言葉があったからだろう。弱い同士で話しているうちに、世の中には弱い者の方がずっと多いということがわかった。それならば、社会というもの、弱い方が主役じゃないか。

そこで社会の大多数を占める弱い奴はみんなでまとまって、腕力《わんりょく》ではなく言葉で、強い奴の横暴《おうぼう》を抑《おさ》えることにした。社会についていろいろ決まりを作った。考えてみれば強い奴だっていつまでも強いわけではない。歳《とし》もとるし、病気もする。もっと強くて乱暴な奴が現れるかもしれない。

自分が弱い側に立った時のことを考えてみたら、社会に決まりがあるのはよいことだよ。

その一方で、社会はどんどん大きくなって、国というものが生まれた。

最初は村くらいのサイズだった。それでも隣村との境界線《きょうかいせん》を引いて、その中は自分たちのやりかたでやると決めて、何か問題が起こった時はみんなで集まって相談した。

親が二人とも病気で死んでしまった子供たちをどう育てるか。その一家は流れ者で、村には縁者《えんじゃ》もいない（この子供たちって、弱い奴の典型だよね）。年寄りが呼び出されて、昔おなじようなことが起こった時はこういう風にしたと話す。たとえば豊かな家に預けて育ててもらう。その代わり、子供たちは大きくなったらその家でしばらく働いて恩返《おんがえ》しをする。

村としては働き手が増えるわけだから、子供たちをそのまま死なせてしまうよりは、得をすることになる。

そんな風にして村ごとの決まりが長い歳月《さいげつ》の間に固まってきて、その分だけ世の中は安定した。つまりルールを作って、弱い者の立場を守って、みんなの力を引き出した方がその社会はぜんたいとして豊かになるし、暮らしやすくなるんだ。

これが、平等《びょうどう》ということの意味だよ。

強い弱いに関係なく、一人一人みんな同じ資格《しかく》。

生まれと育ち、身に着けた言葉、背の高さとか、肌の色、好き嫌い、得意なことと不得手《ふえて》なこと、信じる神様、人はいろいろ違うけれど、それでも一人は一人だ。自分のいのちや幸福が大事なのは誰《だれ》でも同じ。

それならば自分のいのちを大事にするのと同じように他人のいのちや幸福も尊《そん》重《ちょう》しよう。

この世に人が一人いるということはそれだけでよいことで、二人いるのはその倍よいことだ。

人が生まれて、育って、暮らして、また子を生んで育てることは、最初から世界によって祝福されている。

やがて村は集まって国になった。国はまとまって大きな国になった。そうなる途中には攻めたり攻められたり、殺したり奪ったり、いろいろなことがあった。村と村ならば大がかりな喧嘩だったが、国と国ではこれは戦争だ。

国が大きくなるにつれて戦争も大きくなって、世界そのものが無くなるかどうかというほど危ない時もあったけれど、ともかく世界は続いている。

人が生まれることは今だって祝福さ。

村の決まりは国では法律になった。

国は大きいし、たくさんの人がいる。その関係は複雑で、だから法律もたくさん必要になる。

それ以前に、国としてまとまってやっていくには、基本方針があった方がいい。自分たちの国はこういう風に運営しますという宣言《せんげん》。これがないと問題が生じるたびに話のはじめから議論《ぎろん》をしなければならない。

そのための基本方針もやっぱり一種の法律で、それが憲法という名前になっている。「憲」という字の意味は「手本とすべき決まり」のことだそうだ。

今の世界は国の集まりで、どこかの国に所属《しょぞく》しない土地は南極大陸以外にはない。

また人にしても、どこかの国に所属しない人はほとんどいない。

（ほとんど、というのは戦争や内乱《ないらん》で難民《なんみん》になってしまったりして、所属先が決まらない人もいるからだけど）

たいていの人は生まれた土地がそのまま国になる。あるいは父母の国が自分の国になる。

赤ん坊は自分で国を選んで生まれてくるわけではない。

それでも、自分がどういう国に属しているかは一人一人の人生にとってずいぶん大事だ。

さっき、一人一人みんな同じ資格と書いたけれど、それが国の方針として認《みと》められている国ばかりではない。

奴隷制度《どれいせいど》がまだ残っている国に生まれたら、きみは奴隷だったかもしれない。ちゃんとした裁判《さいばん》が行われない国ではきみはインチキ裁判で強制労働の刑を宣告されて働かされるかもしれない。

結婚相手を自分で選べないかもしれないし、考えたことを大きな声で言えないかもしれない。


この本を読んでいるきみが日本の国籍《こくせき》を持っていたら、けっこう運がいいと思ってもいいだろう。

なぜって、日本の憲法はずいぶんいい憲法で、そのおかげで日本もなかなかいい国だから。

もちろん問題はたくさんあるさ。国に対する不満ならば山ほどある。

未来が暗いのが今はいちばんの問題かな。

だけどそれは憲法のせいではない。

いい憲法があるのにそれがうまく働いていないのがいけない、と言う人は多いよ。

それでも、ぜんたいとして日本はそう悪い国ではない。

普段《ふだん》の生活では憲法なんて知らなくてもいい。それでも憲法は遠くでしっかりきみを守っている。

日本に住んでいる人たちが幸福な日々を送れるように、生活の土台を支《ささ》えるのが憲法の仕事だ。

幸福を保証してくれるわけではない。そこまでねだるのは欲張りというものだし、それは自分で努力して得《え》るべきものだ。

そうではなくて、きみが不幸に落ち込まないようできるだけガードする。法律ぜんぶを束《たば》ねてバリヤーを作る。

例をあげよう。

第二七条の二項《こう》には「給料や、労働と休憩《きゅうけい》の時間、その他《ほか》の労働の条件についての基準は法律で決める」と書いてある。

人に雇《やと》われて働くのは誰もがすることだけれど、これがなかなか危ないんだ。雇い主《ぬし》は給料をちゃんとくれないかもしれない。休憩時間もなしに長い間むりに働かせるかもしれない。同じ仕事をしているのに、差別されるかもしれない。

雇う側が勝手ほうだいにやっていたら、とても安心して仕事に就《つ》けない。昔はそういうことで辛《つら》い思いをした人がたくさんいた。

だから、人を働かせる時の条件を最初から法律で決めておく。

日本ではそういうやりかたをしますよと、いわば憲法で宣言してしまう。

そうすると、働く人たちが不幸になるのを防ぐことができる。

でもね、憲法は万能《ばんのう》ではない。

なぜって、法律は万能ではないから。せっかく憲法に沿って法律を作っても、みんながそれを守らなければなんにもならない。

憲法を作って、法律を作る。でもそれを守らない奴が必ず出てくる。だからそういう場合のための法律を作る。そうやって、法律はどんどん増えていく。

憲法を作ったから、法律を作ったから、安心というわけではない。こういうこともメンテナンスが大事なんだ。

それでも、憲法はこの国がとんでもないことにならないよう、しっかり土台を固めていると言っていいよ。

2

それで今の日本の憲法。

この国がこの憲法でやっていくと決めてから、五十九年になる。この間にいろいろなことがあったけれど、だいたいはこの憲法の方針でやってこられた。

それより前は別の憲法だった。明治時代に作られた「大日本帝国憲法《だいにっぽんていこくけんぽう》」というので、これによると日本は天皇《てんのう》の国だった。

第一条　大日本帝国ハ万世一系《ばんせいいっけい》ノ天皇之《これ》ヲ統治《とうち》ス
第二条　皇位ハ皇室典範《こうしつてんぱん》ノ定ムル所ニ依《よ》リ皇男子孫《こうだんしそん》之ヲ継承《けいしょう》ス
第三条　天皇ハ神聖《しんせい》ニシテ侵《おか》スヘカラス

天皇って、他の国で言えば、つまり王様だよね。

王様の国だっていいんだけれど、でも国ぜんたいの運営方針がその時の王様の性格に合わせて変わるのはどうも危なっかしい。

この第二条にあるように、誰が王様になるかは自動的に決まる。選ぶ余地はない。しかも、王様の周囲には必ず王様をかついでいばる奴が出てくる。王様の名前を出せば、無理難題でも通ってしまう。だって「神聖にして侵すべからず」なんだから。

たくさんの国がいくつも失敗を重ねて、それで王様システムはどうもよくないということがわかった。

国の始まりは村だったというところを思い出してみよう。

最初に王様がいて、みんなを呼び集めたわけではない。みんなの方が最初にいて、その中から王様みたいな指導者《しどうしゃ》が出てきた。指導者になれたのだから、そいつは優秀《ゆうしゅう》だったのかもしれない。他の村に攻めていって米なんかを奪ってくる。そういうことがうまい。

だからみんなその男のまわりに集まった（女王だったかもしれないけれど）。でもその男の息子《むすこ》は優秀ではなかった。人はみんな違うから、親は略奪《りゃくだつ》が上手《じょうず》でも、子は下手《へた》。その代わりに笛を吹くのがうまい奴だったりして。国の運営を任せるわけにはいかないはずなのに、王様システムだとこんな息子でも王様になってしまう。みんなが困る。

それに指導者はどこかで勘違《かんちが》いして、自分が主人だと錯覚《さっかく》する。国はぜんぶ俺《おれ》のものだといばる。サウジアラビアなんて国では今でも国土は王室の私有財産だ。国民はその一部を借りているだけ。

そんなわけで、指導者は親から子に継《つ》がせるのではなく、その時々で選んだ方がいいということになった。選ぶ側が、つまりその国に住む人みんなが、その国の主役。

指導者を決めるけれど、しばらく任せるだけで、みんなが満足しなければ取り替える。これが今の世界では国というものの基本のスタイルになっている。

五十九年前からは日本でもそうで、だから、国民が国の主役というところが今の憲法でいちばん大事な点だ。

「私たち日本人は、国を動かす基本の力は国民みなが持ち寄って生まれるものであることを、まず宣言する」

これが憲法の最初に書いてある。ふつう「前文《ぜんぶん》」と呼ばれているところだけれど、これだけで後ろの方の条文ぜんぶと同じくらい大事だ。

なんと言ってもこれは国の運営方針についての宣言だから。

3

この憲法のことを考える時、最初に書かれた時は英語だったことは知ってる？

ちょっと気になるよね。

だって日本という国の公用語は日本語だ。たいていの日本人は日本語を話して、日本語で考えている。

それなのに国の基本である憲法がもとは英語で書かれたっていうのは、それはおかしいじゃないかとみんな思う。

これは説明がいるね。

歴史を読み直さなければいけない。

話の始まりは、さっきの「大日本帝国憲法」で運営されていた日本が大失敗をしたことだった。

戦争を始めて、アジアぜんたいから太平洋の向こうまで軍隊《ぐんたい》を出して、負けた。この戦争では何千万ものアジア人が死に、アメリカ人もたくさん死に、日本人だって三百万人以上が死んだ。

勝っていたのは最初の数か月だけだ。あとはじりじり押される一方だったのに、止《や》めるきっかけがつかめなかった。それが三年続いた。王様システムは硬直《こうちょく》していた。事態《じたい》に合わせて柔軟《じゅうなん》に動けなかった。

最後のころ、東京の空襲《くうしゅう》では一夜で十万人以上が死に、沖縄戦《おきなわせん》では二十万人以上が死に、広島と長崎では原爆《げんばく》で何十万人かが死んだ。

それ以前にアジア・太平洋の各地でたくさんの兵士が死んでいた。その兵士たちはもっともっとたくさんの人たちを殺していた。

それで、ようやく、戦争が終わった。

負けたんだ。


その時のみんなの気持ちを想像《そうぞう》してみてほしい。

超《ちょう》ゼツボー状態《じょうたい》だ。

東京の下町なんてぜんぶ焼けてしまって、何も残っていない。

戦場に行った父は帰ってこない。祖父は空襲で死に、叔母《おば》とその子たちも死んだらしい。住む家も焼けた。食べるものはない。

日本式の王様システムは駄目《だめ》だった。ものすごく大きな不幸を呼び寄せてしまった。国の基本的な形を変えるしかない。

この戦争に勝ったのはアメリカだったけれど、アメリカ人も日本の形を変えるしかないと考えた。

憲法が国の基本方針を決めるものだとすれば、今回、日本が大失敗をした理由は「大日本帝国憲法」にある。これが国民や周囲の国の人たちを不幸にする原因だった。

総理大臣《そうりだいじん》を替えれば済むような問題ではない。憲法を変えて、国を作り直さなければ、日本はまた戦争を始めてアジアの人たちをたくさん殺すかもしれない。また真珠湾《しんじゅわん》に奇襲をかけるかもしれない。

戦争に負けると、しばらくは勝った国の支配下《しはいか》に入る。具体的には相手国の軍隊が来て、国を管理する。

アメリカは日本の指導者に新しい憲法を作るよう命じた。勝った国だから、そう言える立場だった。

そこで日本の指導者たちは新しい憲法のことを考えたけれど、敗戦を機《き》に交替《こうたい》したはずなのに新しい指導者の頭の中は戦争の時とちっとも変わっていなかった。そういう昔ながらのボスしかいなかったんだ。

だから彼らは「大日本帝国憲法」を少しだけ手直しすればいいと思った。いいかげんな案を提出してアメリカ側に突っ返された。なんにもわかっていない。この案は新聞で国民にも伝えられ、国民も怒った。

みんな二度と戦争なんかしたくなかったし、ぜったいに戦争ができないような憲法が欲《ほ》しかったんだ。

ここにはもう一つ、天皇の立場という問題があった。

第二次世界大戦で日本を敵《てき》として戦った国はアメリカだけじゃなかった。中国、イギリス、オーストラリア、インド、ソ連なども戦勝国だったし、これらの国は日本に対してものすごく怒っていた（捕虜虐待《ほりょぎゃくたい》なんてこともあったからね）。

そして、戦争の責任は天皇にあると考えて、その責任を問おうと思っていた。戦争は天皇の名において行われたし、天皇は戦争の進行をすべて知っていたはずだから、これは当然と言ってもいい。

しかし、戦後の日本を実際《じっさい》に統治していたのはアメリカで、アメリカは天皇がいた方がこの国はまとめやすいと考えた。それでなくとも戦後のむずかしい時期だったから。

そこで、天皇は残すけれども、天皇には政治的な力は一切《いっさい》ないという新しい国の形を提案しようとした。

それと同時に、これからは日本はぜったいに戦争をしない国、戦争ができない国にしなければならないとも思った。

この二つの歯止めがあれば、他の戦勝国も天皇が残ることに納得《なっとく》するだろう。

そのためには「大日本帝国憲法」の手直しくらいではとても駄目で、まったく新しい憲法が必要になる。

でも日本側にはそんなものを作る能力がない。その土台になる思想がない。民主《みんしゅ》主義《しゅぎ》がちゃんと機能していない国だったんだから、もともと無理な話だったんだ。

そこで、アメリカ側は、日本を統治するために来ていたアメリカ人の中から委員を選び出し、日本の憲法の草案《そうあん》を作らせることにした。

この委員たちの特徴《とくちょう》をいえば、まず若いことだ。平均すると四十歳《さい》にならなかったみたい。中には二十二歳の女性もいたし、二十六歳、二十七歳の若者も交じっていた。日本を動かしていた老獪《ろうかい》な政治家とはまるで違うメンバーだった。

人間は若い方が理想主義《りそうしゅぎ》に近い。歳をとるとそれだけ考えが現実的になる。

しかも、この委員たちの多くはルーズベルト大統領《だいとうりょう》のニューディール政策《せいさく》を体験した世代だった。アメリカがいちばん自由主義的だった時代に青春を迎えた人たちだ。

そこで、日本の新しい憲法の草案はずいぶん理想主義的になった。

この草案は日本側に提出され、日本とアメリカの間で議論されて、いくつもの手直しを経《へ》た上で、公布された。

そして、ここがいちばん大事なんだけど、この新しい憲法を日本人は熱烈《ねつれつ》に歓迎《かんげい》したんだよ。

もう戦争に行かなくてもいい。よその国を銃《じゆう》をかついでうろついて人を殺さなくてもいい。

自分の住む町にもう爆弾《ばくだん》は降ってこない。

政治を批判《ひはん》しても警察《けいさつ》に捕《つか》まって殴《なぐ》り殺されることはない。

親が決めた相手と無理に結婚させられることもない。

裁判もなしに牢屋《ろうや》に押し込められることもない。

二十歳以上の国民みんなに選挙権《せんきょけん》があって、自分たちの代表を選ぶことができる。新しい国、国民が主役の国。

日本の憲法の草案が日本人でない人たちの手で準備されたことを問題にする人たちもいる。

でも、ここ何百年かの間に世界はぜんたいとして一つの方向に動いてきた。それが民主主義であり、人権《じんけん》の尊重であり、平和主義だった。

二十世紀も後半になって、この三点をはずした憲法というのはちょっと考えられなかった。

日本の憲法には日本らしさ（たとえば天皇のこと）と同時に、今の世界に共通する、世界のみんなが共有する理想が盛り込まれた。だからこそ「政治のもととなる道義《どうぎ》は世界共通であるはずで、それぞれの国の政治はこの道義に沿って進められなければならない」と「前文」に書いたんだ。

こうして日本の新しい憲法が生まれた。一九四七年の五月三日のことだった。

4

憲法は第一〇三条まであるけれど、ほんとうに大事なことは第四〇条までに書いてある。

「前文」と、「天皇」、「戦争の放棄《ほうき》」、「国民の権利《けんり》と義務《ぎむ》」。

ここまでで日本という国のだいたいの形が決まる。

第四一条から後、「国会」、「内閣《ないかく》」、「司法」、「財政」、「地方自治」というところは国のシステムの設計図だ。

五十年以上たってもまだ憲法とはどういうものかわかっていない人がいる。特に政治家にそういう人が多いから困ってしまう。

たとえば、「国民の権利と義務」のところに、国民の権利ばかり書いてあって義務がほとんどないと文句を言う。

ここには国と国民の関係が書いてある。たしかに国の義務（つまり国民の権利）がずらりと並んでいて、国民の義務の方は、この憲法が保障する自由と権利を毎日の努力によって支えること（第一二条）と、税金を払うこと（第三〇条）くらいしかない。

義務教育（第二六条）は子に対する親の義務であって、国に対する国民の義務ではない。第二七条の働く義務は自分と社会に対するものであって、国に対するものでない。

たしかに、国民の権利を書いた条項の方がずっと多い。

だけど憲法というのはそういうものなんだ。

もともと国というものが強すぎるから、それを制限するのは憲法の大事な役割の一つなんだ。

国というのはものすごく大きい。今の日本ならば一億三千万の人が国に属している。だから国を代理する立場の役人たちだってそれだけ大きな権限《けんげん》を持っている。役人の方は専門家で法律の知識《ちしき》もあるし、組織《そしき》もある。予算だってたっぷりある。何かで個人と国が対立した場合、法律も知らない、たった一人の、お金もない個人はそのままではかなわない。

警察に呼ばれたら、普通の人は誰だってどきどきする。ライオンの前に立ったような気持ちになる。だって警察の後ろには国家があるから。

だから、国の強大な力の前に個人を対等の相手として立たせるために、憲法は国の力の方を制限して、なるべく個人を守るようにしている。

それが憲法というものの役割なんだ。

「前文」と並んで大事なのが「最高法規《さいこうほうき》」だ。

特に第九七条の「この憲法は日本の国民に人間としての基本的な権利を保障する。これは自由を求める人々が長い闘《たたか》いを経てようやく手に入れた成果である」というところ。

ここには、住みやすい社会を作ろうと何千年も努力してきた世界中の人々の思いがそのまま入っているという感じで、特別に意味が濃《こ》いよね。

5

ならば、この憲法のおかげで日本は理想がそのまま実現しているすばらしい国かというと、ぜんぜんそうじゃない。

前にも書いたように、問題はたくさんある。

この国では毎年三万人以上の人が自殺している。みんな絶望《ぜつぼう》して死ぬんだ。その理由の大半は失恋ではないだろう。だって今の時代、恋の邪魔《じゃま》をするものはほとんどないんだから。身分の違いも、結核《けっかく》も、戦争も、男と女の仲を割《さ》きはしない。

社会のシステムが人を絶望に追い込んでいる。国はこの人たちを救えない。

ある意味で、憲法は理想の表明だ。

国をこういう風に運営していこうという宣言だ。

憲法そのものは言葉でしかない。

みんながその理想に向けて努力しなければ、憲法はすかすかになる。

公布から五十九年、憲法に書かれたことで日本人の努力が足りなかった面は少なくない。

今、大臣たちや、国会議員や、裁判官や、官僚《かんりょう》たちは第九九条に書かれたように「この憲法を尊重し、しっかり護《まも》る義務」を果たしているだろうか。

憲法が邪魔と言わんばかりの発言は少なくないよ。

いちばん浮いているのが有名な第九条。戦争はもうしないと決めた条項。

アメリカがイラクを攻めると言って、世界中のたくさんの国が反対した。

だけど日本は、アメリカの戦争を支援《しえん》することにした。「国の間の争いを武力による脅《おど》しや武力攻撃《こうげき》によって解決することは認めない」という決まりがある国がどうして戦争の支援ができるんだろう。

これはアメリカも悪い。アメリカの方が悪いかもしれない。ことのはじまりは、アメリカが日本と一緒《いっしょ》になって作ったこの憲法が施行されてから三年後にやってきた。

戦後、アメリカはソ連という国と対決することになった。この対決は、戦争にしてしまったら世界が滅びるとわかっていたから、ぎりぎりの状態での睨《にら》み合いという形になった。これが冷戦《れいせん》。

正面衝突《しょうとつ》は避《さ》けるが、小さな戦争はあちらこちらでやる。戦場になった国にすれば、戦争に小さいも大きいもないんだけどね。

朝鮮《ちょうせん》戦争が始まった時、アメリカは日本にも手伝わせたいと考えた。ところがそのためには第九条が邪魔になる。「これはないことにしよう」たった三年で理想主義は崩れ始めた。アメリカは日本にまた軍隊を持たせることにして、軍隊と呼ぶとさすがに第九条とぶつかるから自衛隊《じえいたい》という名前にした（最初は警察予備隊《けいさつよびたい》と海上警備隊で、それから保安隊《ほあんたい》・警備隊で、その後で自衛隊になった）。

この流れの中で、日本はまた軍備を持つことになり、言い訳《わけ》を重ねたあげく、半世紀後にはとうとう本当の戦争を支援し、海外に派兵するまでになった。

それでも第九条は役に立ってもいるんだ。

戦後の日本は武器を輸出していない。怪《あや》しい話もあったし、いくつかの例外もあったけれども、他の先進国のように武器を作って売って儲《もう》けてはこなかった。

人殺しの道具で稼《かせ》ぐことはしなかった。

これは、けっこう得意になってもいいことだよ。

この憲法が理想的でいっさい手を着けない方がいいとはぼくは思わない。

五十年以上たって、この憲法には書いてない大きな問題がいくつも出てきた。

その一つが環境《かんきょう》のこと。人が健康に生きるには環境が大事だけれど、それを守ることは憲法には書いてない。

法律を作り、環境庁という役所を作り、それを環境省にしたけれども、もっと根本的なところからこの問題に取り組まないと、日本はやがて人が住めないようなところになってしまうかもしれない。

この問題については世界の他の国との協調も大事で、そのためにも憲法で方針を決めた方がいいと言う人は多い。

他にも、第四一条には「国会は国の権力《けんりょく》のいちばん上に位置する機関」だと書いてあるのに、どうしても行政の方が強いことをどうすればいいか。なぜか議員たちは役人の言いなりになっている。

逆に司法は弱い。自衛隊のことなどになると司法は「それは高度に政治的な問題だ」と言って逃げてしまう。地方自治もまだまだ弱体。

そういうことを解決するためには、憲法を見直すことも必要かもしれない。

憲法は変えられないわけではない。

第九六条には憲法を変える方法が書いてあるし、国民にはその権利がある。

この先はぼくの考えだけど、今ある部分はそのままに、いくつかの条項を加えるのがいいかと思う。アメリカの憲法にあるような修正《しゅうせい》条項を足すわけだ。

その代わり、もういらない第一〇〇条から第一〇三条までは除く。

でも、そういうことも含めて、この先いろいろな議論が必要だろう。なにしろ国の設計図だから、慎重《しんちょう》にやらなければならない。

そういうことも考えて、条文《じょうぶん》をゆっくり読んでほしい。

正式のは法律としてぜったい間違いのないように書いてあるから、わかりにくいところもある。

ぼくの方は法律の言葉づかいではないけれど、ほんとうの意味はこの方が伝わると思う。

そう、やっぱりこれはずいぶんいい憲法だよ。

新訳「日本の憲法」

私《わたし》たち日本人《にほんじん》は、国《くに》を動《うご》かす基本《きほん》の力《ちから》は国民《こくみん》みなが持《も》ち寄《よ》って生《う》まれるものであることを、まず宣言《せんげん》する。

私《わたし》たちはこの考《かんが》えの上《うえ》に立《た》ってこの憲法《けんぽう》をしっかりと制定《せいてい》した。これは、世界《せかい》の国々《くにぐに》と協力《きょうりょく》して作《つく》ってゆく平和《へいわ》な暮《く》らしや、この国《くに》にゆきわたる自由《じゆう》の喜《よろこ》びを私《わたし》たちが失《うしな》うことがないように、また政府《せいふ》のふるまいのために恐《おそ》ろしい戦争《せんそう》が再《ふたた》びこの国《くに》を襲《おそ》うことがないようにと考《かんが》えた上《うえ》で、自分《じぶん》たちできちんと選《えら》んだ代表《だいひょう》が集《あつ》まる国会《こっかい》を通《つう》じて、自分《じぶん》たちと後《のち》の世代《せだい》のために、決《き》めたことである。

政府《せいふ》は、国民《こくみん》みなが信《しん》じて託《たく》した一人一人《ひとりひとり》の大事《だいじ》な気持《きも》ちによって運営《うんえい》される。政府《せいふ》がいろいろなことをできるのは国民《こくみん》が政府《せいふ》を支《ささ》えるからである。政府《せいふ》の権力《けんりょく》は私《わたし》たちの代表《だいひょう》を通《つう》じて行使《こうし》されるし、その結果得《けっかえ》られる幸福《こうふく》はみなが受《う》け取《と》る。

これは政治《せいじ》というものについての世界《せかい》の人々《ひとびと》の基本的《きほんてき》な考《かんが》えであり、私《わたし》たちの憲《けん》法《ぽう》もこの考《かんが》えを土台《どだい》にして作《つく》られている。

この考《かんが》えとぶつかるような憲法《けんぽう》や法律《ほうりつ》、条例《じょうれい》、勅令《ちょくれい》を私《わたし》たちは認《みと》めないし、前《まえ》に作《つく》られたものが残《のこ》っていれば棄《す》てる。

私《わたし》たち日本人《にほんじん》はどんな時《とき》でも心《こころ》から平和《へいわ》を求《もと》め、人《ひと》と人《ひと》の仲《なか》を結《むす》ぶ高《たか》い理想《りそう》を決《けっ》して忘《わす》れないと決意《けつい》した上《うえ》で、日本《にほん》という国《くに》の永続《えいぞく》と安全《あんぜん》については、私《わたし》たち同様《どうよう》に平和《へいわ》を大事《だいじ》に思《おも》う世界《せかい》の人々《ひとびと》の正義感《せいぎかん》と信念《しんねん》に委《ゆだ》ねることにした。

平和《へいわ》のために力《ちから》を尽《つ》くし、暴君《ぼうくん》や、奴隷制《どれいせい》、圧政《あっせい》や、不寛容《ふかんよう》などをこの地球《ちきゅう》の上《うえ》から一掃《いっそう》するための世界《せかい》の国々《くにぐに》の努力《どりょく》については、私《わたし》たちもまたその一員《いちいん》として尊《そん》敬《けい》されるだけの働《はたら》きをしたいと思《おも》う。

世界中《せかいじゅう》のすべての人々《ひとびと》は、平和《へいわ》で自由《じゆう》な社会《しゃかい》の中《なか》で、恐《おそ》れやものの不足《ふそく》に悩《なや》まされることなく生《い》きられるはずだ、と私《わたし》たちは考《かんが》える。

国《くに》というものは自分《じぶん》たちのことだけを考《かんが》えていてはいけない。政治《せいじ》のもととなる道義《どうぎ》は世界共通《せかいきょうつう》であるはずで、それぞれの国《くに》の政治《せいじ》はこの道義《どうぎ》に沿《そ》って進《すす》められなければならない。すべてを自分《じぶん》で決《き》められる独立国《どくりつこく》が、同《おな》じように独立《どくりつ》した他国《たこく》を相手《あいて》にする時《とき》に、この道義《どうぎ》を無視《むし》することは許《ゆる》されない。

私《わたし》たち日本人《にほんじん》は、ここに書《か》いたような高《たか》い理想《りそう》と目的《もくてき》を実現《じつげん》するために自分《じぶん》たちの力《ちから》のかぎり尽《つ》くすことを、国《くに》の名誉《めいよ》をかけて誓《ちか》う。

mao.

第《だい》一章《しょう》　天皇《てんのう》

第《だい》一条《じょう》

天皇《てんのう》は国《くに》のシンボル、まとまって国《くに》を作《つく》ろうという人々《ひとびと》の気持《きも》ちのシンボルでなければならない。国《くに》を営《いとな》む基本《きほん》の力《ちから》は人々《ひとびと》の意思《いし》であり、そこから天皇《てんのう》という地位《ちい》も生《う》まれる。

第《だい》二条《じょう》

天皇《てんのう》の座《ざ》は天皇家《てんのうけ》の中《なか》で受《う》け渡《わた》される。具体的《ぐたいてき》な手順《てじゅん》は、国会《こっかい》が作《つく》る天皇家《てんのうけ》についての法律《ほうりつ》で決《き》める。

第《だい》三条《じょう》

天皇《てんのう》が国《くに》に関《かか》わることを行《おこな》う時《とき》は、すべて内閣《ないかく》と相談《そうだん》して、内閣《ないかく》が認《みと》める範囲《はんい》で、しなければならない。だから天皇《てんのう》の行《おこな》いの責任《せきにん》はいつも内閣《ないかく》にある。

第《だい》四条《じょう》

①天皇《てんのう》は、国《くに》に関《かか》わることについては、この憲法《けんぽう》に書《か》かれたこと以外《いがい》をしてはいけない。また、政治《せいじ》に関《かん》して力《ちから》を持《も》ってはいけない。

②天皇《てんのう》が国《くに》に関《かか》わることを行《おこな》う時《とき》、法律《ほうりつ》が認《みと》めるならば、代理《だいり》を立《た》ててもよい。

第《だい》五条《じょう》

天皇《てんのう》は、天皇家《てんのうけ》についての法律《ほうりつ》に従《したが》って、摂政《せっしょう》*を立《た》てることができる。摂政《せっしょう》は天皇《てんのう》の代《か》わりに、天皇《てんのう》の名前《なまえ》で、国《くに》に関《かか》わることを行《おこな》う。この場合《ばあい》は前《まえ》の第《だい》四条《じょう》の第《だい》一項《こう》で決《き》めたとおりにすること。

＊　天皇《てんのう》の代《か》わりに天皇《てんのう》の仕事《しごと》をする人《ひと》。

第《だい》六条《じょう》

①天皇《てんのう》は国会《こっかい》が決《き》めた人《ひと》を総理大臣《そうりだいじん》の役《やく》に就《つ》けなければならない。
②天皇《てんのう》は内閣《ないかく》が決《き》めた人《ひと》を最高裁判所《さいこうさいばんしょ》の長官《ちょうかん》の役《やく》に就《つ》けなければならない。

第《だい》七条《じょう》

天皇《てんのう》は、国民《こくみん》に代《か》わって、国《くに》に関《かん》して次《つぎ》のことを、すべて内閣《ないかく》と相談《そうだん》して内閣《ないかく》が認《みと》める範囲《はんい》で、行《おこな》わなければならない。

一　憲法《けんぽう》の改正条項《かいせいじょうこう》、法律《ほうりつ》、内閣《ないかく》が決《き》める命令《めいれい》、他《ほか》の国《くに》と結《むす》んだ条約《じょうやく》、を公《こう》表《ひょう》すること。

二　議員《ぎいん》を呼《よ》び集《あつ》めて国会《こっかい》*1を開《ひら》くこと。

三　衆議院《しゅうぎいん》を解散《かいさん》*2すること。

四　国会議員《こっかいぎいん》を選《えら》ぶための選挙《せんきょ》を行《おこな》うと報《しら》せること。

五　大臣《だいじん》や地位《ちい》の高《たか》い公務員《こうむいん》を、法律《ほうりつ》で決《き》められたとおりにその役《やく》に就《つ》けたり、また辞《や》めさせたりすると発表《はっぴょう》すること。大使《たいし》や公使《こうし》の全権委任状《ぜんけんいにんじょう》や信任状《しんにんじょう》*3を、認《みと》めたと明《あき》らかにすること。

六　大赦《たいしゃ》、特赦《とくしゃ》*4、減刑《げんけい》、刑《けい》の執行免除《しっこうめんじょ》、権利《けんり》の回復《かいふく》、を国《くに》として認《みと》めたと明《あき》らかにすること。

七　勲章《くんしょう》を手渡《てわた》すこと。

八　法律《ほうりつ》が決《き》めたとおりに、条約《じょうやく》の批准《ひじゅん》*5が済《す》んだことや、その他《ほか》の外交文書《がいこうぶんしょ》を発表《はっぴょう》すること。

九　外国《がいこく》からの大使《たいし》や公使《こうし》を迎《むか》えること。

十　儀式《ぎしき》を行《おこな》うこと。

＊1　呼《よ》び集《あつ》めることを召集《しょうしゅう》という。

＊2　衆議院《しゅうぎいん》の全議員《ぜんぎいん》から議員《ぎいん》としての資格《しかく》を任期《にんき》が終わる前《まえ》に奪《うば》うこと。

＊3　信頼《しんらい》してものごとを任《まか》せるという手紙《てがみ》。

＊4　恩赦《おんしゃ》の種類《しゅるい》。刑罰《けいばつ》を赦《ゆる》すこと。

＊5　国《くに》の代表《だいひょう》が署名《しょめい》してきた条約《じょうやく》を国《くに》として認《みと》めること。

第八条《だいじょう》

天皇家《てんのうけ》が、財産《ざいさん》を人《ひと》にあげたりもらったりしたり、また誰《だれ》かに贈《おく》り物《もの》をする時《とき》は、かならず国会《こっかい》の許可《きょか》を得《え》なければならない。

第二章《だいしょう》　戦争《せんそう》の放棄《ほうき》

第九条《だいじょう》

①この世界《せかい》ぜんたいに正義《せいぎ》と秩序《ちつじょ》をもとにした平和《へいわ》がもたらされることを心《こころ》から願《ねが》って、われわれ日本人《にほんじん》は、国《くに》として戦争《せんそう》をすることを永遠《えいえん》に放棄《ほうき》する。国《くに》の間《あいだ》の争《あらそ》いを武力《ぶりょく》による脅《おど》しや武力攻撃《ぶりょくこうげき》によって解決《かいけつ》することは認《みと》めない。

②この決意《けつい》を実現《じつげん》するために、陸軍《りくぐん》や海軍《かいぐん》、空軍《くうぐん》、その他《ほか》の戦力《せんりょく》を持《も》つことはぜったいにしない。国《くに》というものには戦争《せんそう》をする権利《けんり》はない。

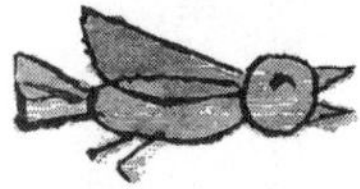

第《だい》三章《しょう》　国民《こくみん》の権利《けんり》と義務《ぎむ》

第《だい》一〇条《じょう》

誰《だれ》が日本《にほん》の国籍《こくせき》を持《も》つか、またどうすれば日本《にほん》の国籍《こくせき》がもらえるか、は法律《ほうりつ》で決《き》める。

第《だい》一一条《じょう》

国《くに》は、国民《こくみん》が人間《にんげん》としての基本的《きほんてき》なさまざまの権利《けんり》を思《おも》うとおりに用《もち》いることを邪魔《じゃま》してはいけない。この憲法《けんぽう》が保障《ほしょう》*するこれらの権利《けんり》は、今《いま》の人々《ひとびと》と後《のち》の世代《せだい》の人々《ひとびと》に、永遠《えいえん》の、ぜったいに侵《おか》すことのできない権利《けんり》として、手渡《てわた》されるものである。

＊　侵《おか》されたり損《そこ》なわれたりしないように守《まも》ること。

第《だい》一二条《じょう》

この憲法《けんぽう》は国民《こくみん》に自由《じゆう》と権利《けんり》を保障《ほしょう》するけれども、国民《こくみん》はこれを毎日《まいにち》の努力《どりょく》によって支《ささ》えなければならない。自由《じゆう》や権利《けんり》を悪用《あくよう》してはいけない。この権利《けんり》は国民《こくみん》ぜんたいの幸福《こうふく》のために、責任《せきにん》を持《も》って使《つか》うべきものである。

第《だい》一三条《じょう》

国民《こくみん》は一人一人《ひとりひとり》すべて、個人《こじん》として大事《だいじ》にされなくてはいけない。国民《こくみん》ぜんたいの幸福《こうふく》と衝突《しょうとつ》しない範囲《はんい》で、一人一人《ひとりひとり》が生《い》きていく権利《けんり》、自由《じゆう》である権利《けんり》、また幸《しあわ》せになろうと努《つと》める権利《けんり》を他《ほか》のどんなことよりも大事《だいじ》にしなければならない。法《ほう》を作《つく》る時《とき》や行政《ぎょうせい》の場《ば》ではこれをいちばん尊重《そんちょう》すること。

第《だい》一四条《じょう》

①法律《ほうりつ》の前《まえ》では人《ひと》はみんな平等《びょうどう》である。人種《じんしゅ》や、信条《しんじょう》、性別《せいべつ》、社会的《しゃかいてき》な地位《ちい》や家系《かけい》を理由《りゆう》に、政治《せいじ》と経済《けいざい》、それに社会関係《しゃかいかんけい》において人《ひと》を差別《さべつ》してはいけない。

②貴族《きぞく》や貴族階級《きぞくかいきゅう》などの制度《せいど》は認《みと》めない。

③国《くに》が誰《だれ》かを特《とく》に讃《たた》えたり、勲章《くんしょう》をあげたりする時《とき》でも、その人《ひと》に特権《とっけん》をさずけてはいけない。またその種《しゅ》の名誉《めいよ》は、今持《いまも》っている人《ひと》でもこれからもらう人《ひと》でも、その人《ひと》かぎりであって子《こ》などに伝《つた》えることはできない。

第《だい》一五条《じょう》

①みんなのために働《はたら》く公務員《こうむいん》を選《えら》んだり辞《や》めさせたりする権利《けんり》は国民《こくみん》にある。この権利《けんり》を人《ひと》に譲《ゆず》り渡《わた》すことはできない。

②公務員《こうむいん》は国《くに》や自治体《じちたい》ぜんたいのために働《はたら》くものだから、一部《いちぶ》のグループに尽《つ》くしてはいけない。

③すべての大人《おとな》が例外《れいがい》なく公務員《こうむいん》を選挙《せんきょ》する権利《けんり》を持《も》つことを国《くに》は保障《ほしょう》する。

④あらゆる選挙《せんきょ》で、投票《とうひょう》の秘密《ひみつ》は守《まも》られなくてはならない。投票《とうひょう》した人《ひと》は、公的《こうてき》にも私的《してき》にも、投票《とうひょう》の責任《せきにん》を取《と》らされることはない。

第《だい》一六条《じょう》

すべての人《ひと》は請願《せいがん》*の権利《けんり》を持《も》つ。つまり、何《なに》かで損害《そんがい》を受《う》けた時《とき》に救済《きゅうさい》を求《もと》めるため、また公務員《こうむいん》を辞《や》めさせるため、あるいは法律《ほうりつ》とか命令《めいれい》、規則《きそく》などを制定《せいてい》したり、廃止《はいし》や改正《かいせい》を求《もと》めたりするために、穏《おだ》やかな方法《ほうほう》で政府《せいふ》に請願《せいがん》することができる。また請願《せいがん》をしたことを理由《りゆう》にその人《ひと》を差別《さべつ》してはいけない。

＊ 国民《こくみん》が政府《せいふ》に直接《ちょくせつ》なにか要求《ようきゅう》を文書《ぶんしょ》で出《だ》すこと。

第《だい》一七条《じょう》

公務員《こうむいん》が法律《ほうりつ》に背《そむ》いたことをしたために損害《そんがい》を受《う》けた人《ひと》は、法律《ほうりつ》が決《き》めるとおりに、国《くに》や公共団体《こうきょうだんたい》に、償《つぐな》いを求《もと》めることができる。

第《だい》一八条《じょう》

人《ひと》を奴隷《どれい》のようにあつかってはいけない。犯罪《はんざい》に対《たい》する刑罰《けいばつ》でないかぎり、人《ひと》を強制的《きょうせいてき》に働《はたら》かせてはいけない。

第《だい》一九条《じょう》

思想《しそう》と良心《りょうしん》はその人《ひと》が自由《じゆう》に決《き》めるものだから、この自由《じゆう》を侵《おか》してはいけない。

第《だい》二〇条《じょう》

①どんな宗教《しゅうきょう》を信《しん》じるのもその人《ひと》の自由《じゆう》である。国《くに》は特定《とくてい》の宗教《しゅうきょう》団体《だんたい》を贔屓《ひいき》にしてはいけないし、政治《せいじ》がらみで特別《とくべつ》あつかいしてはいけない。

②誰《だれ》でも、宗教《しゅうきょう》に関《かか》わる活動《かつどう》や、祭《まつり》、儀式《ぎしき》、行事《ぎょうじ》などにむりやり参加《さんか》させられることはない。

③国《くに》やその機関《きかん》が宗教《しゅうきょう》教育《きょういく》をすることやその他《ほか》のどんな宗教的《しゅうきょうてき》活動《かつどう》を行《おこな》うことも許《ゆる》されない。

第《だい》二一条《じょう》

①仲間《なかま》と集《あつ》まったり、組織《そしき》を作《つく》ったり、また思《おも》うところを人前《ひとまえ》で話《はな》したり、文章《ぶんしょう》にして印刷《いんさつ》するなど、思《おも》いや考《かんが》えを伝《つた》える自由《じゆう》を人《ひと》から奪《うば》ってはいけない。

②国《くに》は検閲《けんえつ》*をしてはならないし、人《ひと》と人《ひと》が通信《つうしん》によって思《おも》いを伝《つた》えるのを邪魔《じゃま》してはいけない。

＊　本《ほん》や映画《えいが》などの内容《ないよう》に国《くに》が口《くち》をはさむこと。

第《だい》二二条《じょう》

①人《ひと》にはみな自分《じぶん》が住《す》むところや職業《しょくぎょう》を選《えら》んだり、また替《か》えたりする自由《じゆう》があって、国民《こくみん》ぜんたいの幸福《こうふく》を損《そこ》なわない範囲《はんい》で、この自由《じゆう》は尊重《そんちょう》される。

②誰《だれ》かが日本《にほん》を出《で》てよその国《くに》に行《い》くこと、あるいは日本《にほん》の国籍《こくせき》を捨《す》てるのを邪魔《じゃま》し

てはいけない。

第《だい》二三条《じょう》

この憲法《けんぽう》は学問《がくもん》の自由《じゆう》を保障《ほしょう》する。

第《だい》二四条《じょう》

①結婚《けっこん》は女性《じょせい》と男性《だんせい》が一緒《いっしょ》になると自分《じぶん》たちで決《き》めるところから生《う》まれる関係《かんけい》、夫《おっと》と妻《つま》が互《たが》いに同《おな》じ資格《しかく》で参加《さんか》して、二人《ふたり》の協力《きょうりょく》のもとに続《つづ》けられる関係《かんけい》である。

②結婚《けっこん》や家族《かぞく》に関《かか》わるさまざまなことがら、つまり誰《だれ》を結婚相手《けっこんあいて》に選《えら》ぶかとか、財《ざい》産《さん》のこと、相続《そうぞく》、住《す》む場所《ばしょ》の選択《せんたく》、離婚《りこん》のことなどについては、人間《にんげん》一人《ひとり》一人《ひとり》を大事《だいじ》にし、男《おとこ》と女《おんな》は基本的《きほんてき》に平等《びょうどう》だということを踏《ふ》まえて、法律《ほうりつ》を制定《せいてい》しなく

てはならない。

第《だい》二五条《じょう》

①すべての人《ひと》に、最小限《さいしょうげん》でも健全《けんぜん》で文化的《ぶんかてき》といえる生活《せいかつ》をする権利《けんり》がある。

②社会《しゃかい》ぜんたいの、幸福《こうふく》と、安全《あんぜん》と、健康《けんこう》が実現《じつげん》するように、国《くに》は生活《せいかつ》のあらゆる面《めん》に対《たい》して努力《どりょく》を重《かさ》ねなければならない。

第《だい》二六条《じょう》

①人《ひと》はみな平等《びょうどう》に教育《きょういく》を受《う》ける権利《けんり》がある。それぞれの能力《のうりょく》に応《おう》じた教育《きょういく》を法律《ほうりつ》は用意《ようい》する。

②すべての親《おや》は自分《じぶん》が育《そだ》てている子供《こども》たちに、法律《ほうりつ》が用意《ようい》する普通教育《ふつうきょういく》*を受《う》けさせなければならない。このような義務教育《ぎむきょういく》は無料《むりょう》でなければならない。

＊ 職業《しょくぎょう》にかかわりなく一般《いっぱん》共通《きょうつう》に必要《ひつよう》な知識《ちしき》を与《あた》え、教養《きょうよう》を育《そだ》てる教育《きょういく》。

第《だい》二七条《じょう》

①働《はたら》くことは誰《だれ》にとっても権利《けんり》であり、義務《ぎむ》でもある。
②給料《きゅうりょう》や、労働《ろうどう》と休憩《きゅうけい》の時間《じかん》、その他《ほか》の労働《ろうどう》の条件《じょうけん》についての基準《きじゅん》は法律《ほうりつ》で決《き》める。
③子供《こども》を無理《むり》に働《はたら》かせてはいけない。

第《だい》二八条《じょう》

憲法《けんぽう》は、働《はたら》く人々《ひとびと》が組織《そしき》を作《つく》ったり、雇《やと》い主《ぬし》と交渉《こうしょう》したり、一体《いったい》となって行動《こうどう》する権利《けんり》を保障《ほしょう》する。

第《だい》二九条《じょう》

①財産《ざいさん》を持《も》つ権利《けんり》を侵《おか》してはならない。

②財産権《ざいさんけん》の内容《ないよう》は、国民《こくみん》ぜんたいの幸福《こうふく》も考《かんが》え合《あ》わせて、法律《ほうりつ》で決《き》める。

③個人《こじん》の財産《ざいさん》でも、正《ただ》しい対価《たいか》を払《はら》えば、公共《こうきょう》の用《よう》に充《あ》てるために使《つか》うことができる。

第《だい》三〇条《じょう》

国民《こくみん》は、法律《ほうりつ》で決《き》めるとおりに、税金《ぜいきん》を払《はら》わなければならない。

第《だい》三一条《じょう》

どんな人《ひと》でも、法律《ほうりつ》がきちんと決《き》めた手続《てつづ》きによらないかぎり、生命《せいめい》や自由《じゆう》を奪《うば》うなどの刑罰《けいばつ》を受《う》けることはない。

第《だい》三二条《じょう》

どんな人《ひと》にも裁判《さいばん》を受《う》ける権利《けんり》がある。この権利《けんり》を妨《さまた》げてはいけない。

第《だい》三三条《じょう》

人《ひと》を逮捕《たいほ》*するには、その人《ひと》が犯《おか》したとされる罪《つみ》を具体的《ぐたいてき》に書《か》いた令状《れいじょう》がなくてはならない。令状《れいじょう》は資格《しかく》のある司法官《しほうかん》でなければ発行《はっこう》できない。ただし、現行犯《げんこうはん》ならば令状《れいじょう》がなくても逮捕《たいほ》できる。

＊　人《ひと》の行動《こうどう》の自由《じゆう》を拘束《こうそく》すること。

第《だい》三四条《じょう》

人《ひと》を逮捕《たいほ》または勾留《こうりゅう》*する時《とき》には、その場《ば》で逮捕《たいほ》の理由《りゆう》となる罪状《ざいじょう》を本人《ほんにん》に告《つ》げ、弁護人《べんごにん》を選《えら》ぶ権利《けんり》を与《あた》えた上《うえ》でしなければならない。それに、ちゃんとした理由《りゆう》もないのに人《ひと》を勾留《こうりゅう》してはいけないし、本人《ほんにん》が求《もと》めたらその理由《りゆう》は、即座《そくざ》に法廷《ほうてい》で、本人《ほんにん》とその弁護人《べんごにん》がいる場《ば》で、公開《こうかい》されなくてはならない。

＊ 拘置所《こうちしょ》に監禁《かんきん》すること。

第《だい》三五条《じょう》

①公務員《こうむいん》は誰《だれ》の家《いえ》であれ、入《はい》り込《こ》んで、書類《しょるい》や持《も》ち物《もの》を捜索《そうさく》したり、押収《おうしゅう》したりしてはいけない。そういうことをするためには、納得《なっとく》のゆく理由《りゆう》と、捜索《そうさく》する場《ば》所《しょ》と押収《おうしゅう》するものをはっきりと書《か》いた令状《れいじょう》がなければならない。ただし、憲法《けんぽう》

の第《だい》三三条《じょう》に書《か》いた現行犯《げんこうはん》の場合《ばあい》を除《のぞ》く。

②捜索《そうさく》や押収《おうしゅう》は、資格《しかく》のある司法官《しほうかん》が発行《はっこう》した一件《いっけん》ごとの令状《れいじょう》によらなくてはならない。

第《だい》三六条《じょう》

公務員《こうむいん》による拷問《ごうもん》と残酷《ざんこく》な刑罰《けいばつ》はぜったいにしてはならない。

第《だい》三七条《じょう》

①刑事事件《けいじじけん》の被告人《ひこくにん》*には公平《こうへい》な裁判所《さいばんしょ》による速《すみ》やかな公開《こうかい》の裁判《さいばん》を受《う》ける権利《けんり》がある。

②被告人《ひこくにん》にはすべての証人《しょうにん》を調《しら》べる機会《きかい》が与《あた》えられる。また、自分《じぶん》のために証人《しょうにん》となる人《ひと》に裁判《さいばん》に出《で》る義務《ぎむ》を課《か》すことができる。そのための費用《ひよう》は公費《こうひ》で負担《ふたん》す

る。

③どんな時《とき》でも被告人《ひこくにん》は資格《しかく》ある弁護人《べんごにん》に助言《じょげん》をしてもらえる。自分《じぶん》で弁護人《べんごにん》を雇《やと》えない場合《ばあい》には、本人《ほんにん》に代《か》わって国《くに》が任命《にんめい》しなければならない。

＊ 刑事事件《けいじじけん》で検察官《けんさつかん》に起訴《きそ》された人《ひと》。

第《だい》三八条《じょう》

①本人《ほんにん》にとって利益《りえき》にならないことを無理《むり》に証言《しょうげん》させてはいけない。

②強制《きょうせい》や、拷問《ごうもん》、脅迫《きょうはく》によって引《ひ》き出《だ》された自白《じはく》や、長《なが》い期間《きかん》の逮捕《たいほ》や勾留《こうりゅう》の後《あと》での自白《じはく》は証拠《しょうこ》として認《みと》めない。

③本人《ほんにん》の自白《じはく》の他《ほか》に不利《ふり》な証拠《しょうこ》がない場合《ばあい》には、有罪《ゆうざい》にしたり、罰《ばっ》を加《くわ》えたりしてはいけない。

第《だい》三九条《じょう》

その時《とき》には合法的《ごうほうてき》であった行為《こうい》やすでに無罪《むざい》とされた行為《こうい》を、後《あと》に作《つく》られた法《ほう》によって有罪《ゆうざい》としてはいけない。また、同《おな》じ犯罪《はんざい》について二度裁《どさば》かれることはない。

第《だい》四〇条《じょう》

逮捕《たいほ》または勾留《こうりゅう》された人《ひと》が無罪《むざい》になった時《とき》は、法律《ほうりつ》が決《き》めたとおりに、国《くに》に償《つぐな》いを求《もと》めることができる。

mao.

第《だい》四章《しょう》　国会《こっかい》

第《だい》四一条《じょう》

国会《こっかい》は国《くに》の権力《けんりょく》のいちばん上《うえ》に位置《いち》する機関《きかん》であり、国《くに》の法《ほう》を作《つく》るただ一《ひと》つの機関《きかん》である。

第《だい》四二条《じょう》

国会《こっかい》は衆議院《しゅうぎいん》と参議院《さんぎいん》の二《ふた》つの院《いん》で構成《こうせい》される。

第《だい》四三条《じょう》

①衆議院《しゅうぎいん》と参議院《さんぎいん》は、国民《こくみん》みんなの代表《だいひょう》である議員《ぎいん》が集《あつ》まって作《つく》られる。議員《ぎいん》は選挙《せんきょ》によって選《えら》ぶ。

②衆議院《しゅうぎいん》と参議院《さんぎいん》の議員《ぎいん》の数《かず》は法律《ほうりつ》で決《き》める。

第《だい》四四条《じょう》

衆議院《しゅうぎいん》と参議院《さんぎいん》の議員《ぎいん》になれる人《ひと》、ならびに選挙《せんきょ》によって議員《ぎいん》を選《えら》ぶ有権者《ゆうけんしゃ》の資《し》格《かく》は法律《ほうりつ》で決《き》める。ただし、議員《ぎいん》の資格《しかく》や有権者《ゆうけんしゃ》の資格《しかく》を、人種《じんしゅ》や信条《しんじょう》、性別《せいべつ》、社会的《しゃかいてき》な立場《たちば》、家系《かけい》、教育《きょういく》、財産《ざいさん》の額《がく》や収入《しゅうにゅう》の額《がく》、などで差別《さべつ》してはいけない。

第《だい》四五条《じょう》

衆議院《しゅうぎいん》の議員《ぎいん》の任期《にんき》は四年《ねん》とする。ただし、衆議院《しゅうぎいん》が解散《かいさん》した場合《ばあい》は、四年《ねん》になっていなくても任期《にんき》はおしまいになる。

第《だい》四六条《じょう》

参議院《さんぎいん》の議員《ぎいん》の任期《にんき》は六年《ねん》とする。選挙《せんきょ》は三年《ねん》ごとに行《おこな》って、そのたびに議員《ぎいん》の半分《はんぶん》を選出《せんしゅつ》するようにする。

第《だい》四七条《じょう》

選挙区《せんきょく》の区分《くわ》けのしかた、投票《とうひょう》の方法《ほうほう》、その他《ほか》、衆議院《しゅうぎいん》と参議院《さんぎいん》の議員《ぎいん》の選挙《せんきょ》のやりかたは法律《ほうりつ》で決《き》める。

第《だい》四八条《じょう》

誰《だれ》にせよ同時《どうじ》に衆議院《しゅうぎいん》と参議院《さんぎいん》の両方《りょうほう》の議員《ぎいん》を務《つと》めることはできない。

第《だい》四九条《じょう》

衆議院《しゅうぎいん》と参議院《さんぎいん》の議員《ぎいん》は、法律《ほうりつ》で決《き》めるとおりに、国庫《こっこ》＊から適当《てきとう》な額《がく》の報酬《ほうしゅう》を毎年《まいとし》もらえる。

＊　国《くに》が管理《かんり》しているお金《かね》。

第《だい》五〇条《じょう》

衆議院《しゅうぎいん》と参議院《さんぎいん》に属《ぞく》する議員《ぎいん》は、法律《ほうりつ》で決《き》める特別《とくべつ》な場合《ばあい》を除《のぞ》いては、国会《こっかい》が開《ひら》かれている間《あいだ》は逮捕《たいほ》されることがない。また国会《こっかい》が開《ひら》かれる前《まえ》に逮捕《たいほ》されていた議《ぎ》員《いん》でも、その議員《ぎいん》の属《ぞく》する院《いん》の要求《ようきゅう》がある場合《ばあい》には、国会《こっかい》が開《ひら》かれている間《あいだ》だけ釈放《しゃくほう》される。

第《だい》五一条《じょう》

衆議院《しゅうぎいん》と参議院《さんぎいん》の議員《ぎいん》は、院《いん》の中《なか》でした演説《えんぜつ》や議論《ぎろん》、投票《とうひょう》について、院《いん》の外《そと》で責任《せきにん》を問《と》われることはない。

第《だい》五二条《じょう》

通常国会《つうじょうこっかい》は年《ねん》に一回召集《かいしょうしゅう》される。

第《だい》五三条《じょう》

内閣《ないかく》は臨時国会《りんじこっかい》を召集《しょうしゅう》することができる。衆議院《しゅうぎいん》でも参議院《さんぎいん》でも議員《ぎいん》の四分《ぶん》の一かそれ以上《いじょう》の議員《ぎいん》が要求《ようきゅう》した時《とき》は、内閣《ないかく》は臨時国会《りんじこっかい》を召集《しょうしゅう》しなければならない。

第《だい》五四条《じょう》

①衆議院《しゅうぎいん》が解散《かいさん》した時《とき》は、解散《かいさん》の日《ひ》から四十日《にち》以内《いない》に総選挙《そうせんきょ》*をして新《あたら》しい衆議院議《しゅうぎいんぎ》員《いん》を選《えら》ばなければならない。また、選挙《せんきょ》の日《ひ》から三十日《にち》以内《いない》に国会《こっかい》を召集《しょうしゅう》しなければならない。

②衆議院《しゅうぎいん》が解散《かいさん》すると同時《どうじ》に、参議院《さんぎいん》も閉会《へいかい》となる。しかし、国《くに》の緊急時《きんきゅうじ》には、内《ない》閣《かく》は参議院《さんぎいん》の緊急議会《きんきゅうぎかい》を召集《しょうしゅう》することができる。

③前項《ぜんこう》に書《か》いたような緊急議会《きんきゅうぎかい》で決《き》められたことは臨時《りんじ》の決定《けってい》だから、次《つぎ》の国会《こっかい》が開《ひら》かれてから十日《とおか》以内《いない》に衆議院《しゅうぎいん》の承認《しょうにん》を得《え》なければ無効《むこう》になる。

＊　衆議院議員全員《しゅうぎいんぎいんぜんいん》を選《えら》ぶ選挙《せんきょ》。

第《だい》五五条《じょう》

衆議院《しゅうぎいん》と参議院《さんぎいん》は、議員《ぎいん》の資格《しかく》に関《かん》する争《あらそ》いを自分《じぶん》で裁定《さいてい》する。それでも、ある議員《ぎいん》の議席《ぎせき》を剝奪《はくだつ》する決議《けつぎ》を通《とお》すには、出席《しゅっせき》している議員《ぎいん》の三分《ぶん》の二ないしそれ以上《いじょう》の賛成《さんせい》がなければならない。

第《だい》五六条《じょう》

①衆議院《しゅうぎいん》でも参議院《さんぎいん》でも、全議員《ぜんぎいん》の三分《ぶん》の一以上《いじょう》が出席《しゅっせき》していなければ議事《ぎじ》は行《おこな》えない。

②どちらの院《いん》でも、この憲法《けんぽう》が決《き》める特別《とくべつ》の場合《ばあい》を除《のぞ》いては、出席議員《しゅっせきぎいん》の半分《はんぶん》を超《こ》える賛成《さんせい》によってことを決《き》める。賛成《さんせい》と反対《はんたい》が同《おな》じ人数《にんずう》の時《とき》は、議長《ぎちょう》が決定権《けっていけん》を持《も》つ。

第《だい》五七条《じょう》

①衆議院《しゅうぎいん》と参議院《さんぎいん》の審議《しんぎ》は公開《こうかい》でなければならない。ただし、出席《しゅっせき》した議員《ぎいん》の三

分《ぶん》の二ないしそれ以上《いじょう》が賛成《さんせい》して議決《ぎけつ》した場合《ばあい》には秘密会《ひみつかい》を開《ひら》くことができる。
②衆議院《しゅうぎいん》と参議院《さんぎいん》は共《とも》に議事《ぎじ》の記録《きろく》を残《のこ》さなければならない。この記録《きろく》は公表《こうひょう》して、読《よ》みたい人《ひと》が誰《だれ》でも読《よ》めるようにすること。ただし、秘密会《ひみつかい》での討議《とうぎ》のうち特《とく》に秘密《ひみつ》にしておかなければならないと決《き》めたことがらは、公表《こうひょう》しなくともよい。
③出席《しゅっせき》している議員《ぎいん》の五分《ぶん》の一以上《いじょう》の要求《ようきゅう》がある時《とき》は、すべての案件《あんけん》に対《たい》する各《かく》議員《ぎいん》の投票結果《とうひょうけっか》を議事録《ぎじろく》に残《のこ》さなければならない。

第《だい》五八条《じょう》

①衆議院《しゅうぎいん》と参議院《さんぎいん》はそれぞれに議長《ぎちょう》その他《ほか》の役員《やくいん》を選《えら》ぶ。
②衆議院《しゅうぎいん》も参議院《さんぎいん》も会議《かいぎ》の開《ひら》きかたや、議論《ぎろん》の進《すす》めかた、また院内《いんない》の規律《きりつ》、それに規律《きりつ》を乱《みだ》す議員《ぎいん》に対《たい》する罰《ばつ》などを決《き》めた規則《きそく》を作《つく》ることができる。ただし、罰《ばつ》として議員《ぎいん》を除名《じょめい》する時《とき》は、出席《しゅっせき》している議員《ぎいん》の三分《ぶん》の二あるいはそれ以上《いじょう》の賛《さん》

成《せい》によって、そのための決議《けつぎ》を通《とお》すこと。

第《だい》五九条《じょう》

①法案《ほうあん》は衆議院《しゅうぎいん》と参議院《さんぎいん》の両方《りょうほう》で可決《かけつ》されてはじめて法律《ほうりつ》となる。ただし、この憲法《けんぽう》で特《とく》に決《き》める例外《れいがい》は除《のぞ》く。

②衆議院《しゅうぎいん》で可決《かけつ》された法案《ほうあん》について参議院《さんぎいん》が衆議院《しゅうぎいん》とは異《こと》なる議決《ぎけつ》をした時《とき》は、その法案《ほうあん》は衆議院《しゅうぎいん》に戻《もど》された上《うえ》で、出席議員《しゅっせきぎいん》の三分《ぶん》の二あるいはそれ以上《いじょう》の賛成《さんせい》を得《え》られた時《とき》に法律《ほうりつ》となる。

③前項《ぜんこう》の決《き》まりがあるからといって、衆議院《しゅうぎいん》は法律《ほうりつ》で決《き》められた両院協議会《りょういんきょうぎかい》*を開《ひら》けないというわけではない。

④衆議院《しゅうぎいん》を通過《つうか》した法案《ほうあん》について参議院《さんぎいん》で、休会中《きゅうかいちゅう》の日数《にっすう》を除《のぞ》いて、六十日以内《にちいない》に最終的《さいしゅうてき》な結論《けつろん》に至《いた》らない場合《ばあい》、衆議院《しゅうぎいん》はその法案《ほうあん》は参議院《さんぎいん》では否決《ひけつ》されたも

のと見《み》なすことができる。

＊　衆議院《しゅうぎいん》と参議院《さんぎいん》の意見《いけん》が異《こと》なる時《とき》に両方《りょうほう》から十名《めい》ずつの議員《ぎいん》を出《だ》して開《ひら》く会議《かいぎ》。

第《だい》六〇条《じょう》

①予算《よさん》は最初《さいしょ》に衆議院《しゅうぎいん》に提出《ていしゅつ》される。

②予算《よさん》の審議《しんぎ》について、参議院《さんぎいん》が衆議院《しゅうぎいん》と違《ちが》う議決《ぎけつ》に達《たっ》し、法《ほう》に従《したが》って開《ひら》かれた両院協議会《りょういんきょうぎかい》を通《つう》じても一致《いっち》しなかった場合《ばあい》、また参議院《さんぎいん》が衆議院《しゅうぎいん》を通過《つうか》した予算《よさん》について三十日以内《にちいない》に（休会中《きゅうかいちゅう》の日数《にっすう》を除《のぞ》く）最終的《さいしゅうてき》な結論《けつろん》を出《だ》せなかった場合《ばあい》は、衆議院《しゅうぎいん》の議決《ぎけつ》が国会《こっかい》の議決《ぎけつ》ということになる。

第《だい》六一条《じょう》

前《まえ》の条《じょう》の第《だい》二項《こう》は、条約《じょうやく》を締結《ていけつ》する際《さい》に必要《ひつよう》な国会《こっかい》の承認《しょうにん》についても同《おな》じように適用《てきよう》される。

第《だい》六二条《じょう》

衆議院《しゅうぎいん》と参議院《さんぎいん》は国政《こくせい》について調査《ちょうさ》を実行《じっこう》し、証人《しょうにん》を議会《ぎかい》に呼《よ》び出《だ》して証言《しょうげん》させることや、記録《きろく》の提出《ていしゅつ》を求《もと》めることができる。

第《だい》六三条《じょう》

総理大臣《そうりだいじん》とその他《ほか》の国務大臣《こくむだいじん》は、国会議員《こっかいぎいん》であってもなくても、衆参両院《しゅうさんりょういん》に出席《しゅっせき》して、議案《ぎあん》について発言《はつげん》することができる。また求《もと》められた時《とき》には出席《しゅっせき》して答弁《とうべん》や説明《せつめい》をしなければならない。

第《だい》六四条《じょう》

①裁判官《さいばんかん》が訴訟《そしょう》によって免職《めんしょく》を求《もと》められた場合《ばあい》、国会《こっかい》は衆参両院《しゅうさんりょういん》の議員《ぎいん》によって構成《こうせい》される弾劾裁判所《だんがいさいばんしょ》＊を開《ひら》かなければならない。

②弾劾《だんがい》についてのことがらは法律《ほうりつ》で決《き》める。

＊　裁判官《さいばんかん》を裁《さば》くための裁判所《さいばんしょ》。

第《だい》五章《しょう》　内閣《ないかく》

第《だい》六五条《じょう》

行政《ぎょうせい》の権限《けんげん》を内閣《ないかく》にさずける。

第《だい》六六条《じょう》

①内閣《ないかく》は統率《とうそつ》する総理大臣《そうりだいじん》と、その他《ほか》の国務大臣《こくむだいじん》からなる。内閣《ないかく》の構成《こうせい》は法律《ほうりつ》によって決《き》める。
②総理大臣《そうりだいじん》もその他《ほか》の大臣《だいじん》も文民《ぶんみん》*でなければならない。
③行政《ぎょうせい》の権限《けんげん》を用《もち》いるにあたって、内閣《ないかく》は国会《こっかい》に対《たい》して共同責任《きょうどうせきにん》を負《お》う。

＊　軍人《ぐんじん》でない人《ひと》。職業軍人《しょくぎょうぐんじん》だったことのない人《ひと》。

第《だい》六七条《じょう》

①総理大臣《そうりだいじん》は国会《こっかい》の議決《ぎけつ》によって、国会議員《こっかいぎいん》の中《なか》から指名《しめい》＊される。この議決《ぎけつ》は他《ほか》のことをさしおいて真《ま》っ先《さき》に行《おこな》わなくてはならない。

②総理大臣《そうりだいじん》の指名《しめい》について衆議院《しゅうぎいん》と参議院《さんぎいん》とで意見《いけん》が異《こと》なり、法《ほう》に従《したが》って開《ひら》かれた両院協議会《りょういんきょうぎかい》を通《つう》じても意見《いけん》が一致《いっち》しなかった時《とき》、また衆議院《しゅうぎいん》が指名《しめい》してから(休会中《きゅうかいちゅう》の日数《にっすう》を除《のぞ》いて）十日以内《とおかいない》に参議院《さんぎいん》が指名《しめい》できなかった場合《ばあい》は、衆議院《しゅうぎいん》の決定《けってい》が国会《こっかい》の決定《けってい》ということになる。

＊　特《とく》にこの人《ひと》と指定《してい》すること。

第《だい》六八条《じょう》

①総理大臣《そうりだいじん》は国務大臣《こくむだいじん》を任命《にんめい》*する。
ただし、国務大臣《こくむだいじん》の過半数《かはんすう》は国会議員《こっかいぎいん》の中《なか》から選《えら》ばなければならない。
②総理大臣《そうりだいじん》は国務大臣《こくむだいじん》を思《おも》うままに辞《や》めさせることができる。

* 職務《しょくむ》を命《めい》ずること。

第《だい》六九条《じょう》

衆議院《しゅうぎいん》が内閣不信任決議案《ないかくふしんにんけつぎあん》を可決《かけつ》するか、あるいは信任決議案《しんにんけつぎあん》*を否決《ひけつ》した場合《ばあい》、内閣《ないかく》は十日《とおか》以内《いない》に衆議院《しゅうぎいん》を解散《かいさん》するか、総辞職《そうじしょく》しなければならない。

＊　信《しん》じてことを任《まか》せること。

第《だい》七〇条《じょう》

総理大臣《そうりだいじん》の席《せき》が空白《くうはく》になった時《とき》、また衆議院議員《しゅうぎいんぎいん》の総選挙後《そうせんきょご》はじめての国会召集《こっかいしょうしゅう》の時《とき》には、内閣《ないかく》は総辞職《そうじしょく》しなければならない。

第《だい》七一条《じょう》

前《まえ》の二《ふた》つの条《じょう》に書《か》かれた場合《ばあい》には、新《あたら》しい総理大臣《そうりだいじん》が任命《にんめい》されるまで前《まえ》の内閣《ないかく》が仕事《しごと》を続《つづ》けるものとする。

第《だい》七二条《じょう》

総理大臣《そうりだいじん》は内閣《ないかく》を代表《だいひょう》して、議案《ぎあん》を国会《こっかい》に提出《ていしゅつ》し、国内《こくない》の一般的《いっぱんてき》な任務《にんむ》や外交《がいこう》関係《かんけい》などを国会《こっかい》に報告《ほうこく》し、さまざまな行政《ぎょうせい》部門《ぶもん》を管理《かんり》し監督《かんとく》する。

第《だい》七三条《じょう》

内閣《ないかく》は一般的《いっぱんてき》な行政《ぎょうせい》の仕事《しごと》の他《ほか》に、次《つぎ》のようなことを行《おこな》う。

一　法律《ほうりつ》を忠実《ちゅうじつ》に実行《じっこう》し、国務《こくむ》を指揮《しき》する。

二　外交《がいこう》を行《おこな》う。

三　条約《じょうやく》を結《むす》ぶ。ただし、それに先《さき》だって、また事情《じじょう》によっては後《あと》からでも、国会《こっかい》の承認《しょうにん》をもらうこと。

四　法律《ほうりつ》で決《き》められた基準《きじゅん》のとおりに、行政事務《ぎょうせいじむ》が行《おこな》われるよう管理《かんり》する。

五　予算《よさん》を作《つく》って、国会《こっかい》に提出《ていしゅつ》する。

六　この憲法《けんぽう》や法律《ほうりつ》の条項《じょうこう》を実行《じっこう》にうつすために、政令《せいれい》を制定《せいてい》する。ただし、法律《ほうりつ》による委任《いにん》がないかぎり、この種《しゅ》の政令《せいれい》には人《ひと》を罰《ばっ》する条項《じょうこう》は入《い》れられない。

七　大赦《たいしゃ》や特赦《とくしゃ》、刑《けい》の軽減《けいげん》、刑《けい》の執行免除《しっこうめんじょ》、権利《けんり》の回復《かいふく》を決《き》める。

第《だい》七四条《じょう》

すべての法律《ほうりつ》と政令《せいれい》にはその担当《たんとう》の国務大臣《こくむだいじん》による署名《しょめい》と、総理大臣《そうりだいじん》によるもう一《ひと》つの署名《しょめい》が要《い》る。

第《だい》七五条《じょう》

在任中《ざいにんちゅう》の国務大臣《こくむだいじん》を訴追《そつい》*するには、総理大臣《そうりだいじん》の同意《どうい》がいる。だからといって、訴追《そつい》の権利《けんり》が損《そこ》なわれるわけではない。

＊　不正《ふせい》をあばいて責任《せきにん》を追及《ついきゅう》し裁判《さいばん》を求《もと》めること。

mao

第《だい》六章《しょう》　司《し》法《ほう》

第《だい》七六条《じょう》

①裁判《さいばん》をする権限《けんげん》はすべて最高裁判所《さいこうさいばんしょ》ならびに法律《ほうりつ》が決《き》める下級《かきゅう》の裁判所《さいばんしょ》*に属《ぞく》する。

②それ以外《いがい》の裁判所《さいばんしょ》を作《つく》ってはいけないし、行政府《ぎょうせいふ》の機関《きかん》や局《きょく》に最終的《さいしゅうてき》な裁判《さいばん》の権限《けんげん》を与《あた》えてはいけない。

③すべての裁判官《さいばんかん》は一人一人《ひとりひとり》の良心《りょうしん》の判断《はんだん》に従《したが》って裁判《さいばん》を行《おこな》う。裁判官《さいばんかん》をしばるものはこの憲法《けんぽう》と法律《ほうりつ》以外《いがい》にはない。

＊　高等裁判所《こうとうさいばんしょ》、地方裁判所《ちほうさいばんしょ》、家庭裁判所《かていさいばんしょ》、簡易裁判所《かんいさいばんしょ》。

第《だい》七七条《じょう》

①裁判《さいばん》の手続《てつづ》きや手順《てじゅん》、弁護士《べんごし》に関《かか》わること、裁判所内部《さいばんしょないぶ》の規律《きりつ》や司法事務《しほうじむ》の実行《じっこう》についての規則《きそく》を決《き》める権限《けんげん》は最高裁判所《さいこうさいばんしょ》にある。
②検察官《けんさつかん》は最高裁判所《さいこうさいばんしょ》の規則《きそく》を決《き》める権限《けんげん》に従《したが》わなければならない。
③最高裁判所《さいこうさいばんしょ》は下級裁判所《かきゅうさいばんしょ》に関《かん》する規則《きそく》を決《き》める権限《けんげん》を、その下級裁判所《かきゅうさいばんしょ》に委任《いにん》してもよい。

第《だい》七八条《じょう》

裁判官《さいばんかん》を辞《や》めさせるには、精神的《せいしんてき》ないし肉体的《にくたいてき》な理由《りゆう》から仕事《しごと》ができないと裁判《さいばん》によって判断《はんだん》するか、あるいは公開《こうかい》の弾劾《だんがい》によらなければならない。行政府《ぎょうせいふ》の機《き》関《かん》や局《きょく》が裁判官《さいばんかん》に対《たい》する懲罰《ちょうばつ》をしてはいけない。

第《だい》七九条《じょう》

①最高裁判所《さいこうさいばんしょ》は長官《ちょうかん》と、法律《ほうりつ》で人数《にんずう》を決《き》められた裁判官《さいばんかん》からなる。長官以外《ちょうかんいがい》の裁《さい》判官《ばんかん》は内閣《ないかく》が任命《にんめい》すること。

②任命《にんめい》された最高裁判所《さいこうさいばんしょ》の裁判官《さいばんかん》は、任命後最初《にんめいごさいしょ》の衆議院議員総選挙《しゅうぎいんぎいんそうせんきょ》の時《とき》に国民《こくみん》の審査《しんさ》を受《う》けなければならない。また十年《ねん》たった後《のち》の衆議院議員総選挙《しゅうぎいんぎいんそうせんきょ》の時《とき》に再《ふた》び審査《しんさ》を受《う》けなければならない。その後《ご》も同様《どうよう》。

③前《まえ》の項《こう》に書《か》いたことで、投票《とうひょう》した人《ひと》の過半数《かはんすう》が裁判官《さいばんかん》の罷免《ひめん》*を選《えら》んだ場合《ばあい》は、その裁判官《さいばんかん》は罷免《ひめん》される。

④審査《しんさ》に関《かん》することがらは法律《ほうりつ》で決《き》める。

⑤最高裁判所《さいこうさいばんしょ》の裁判官《さいばんかん》は法律《ほうりつ》で決《き》められた年齢《ねんれい》に達《たっ》したら退職《たいしょく》すること。

⑥最高裁判所《さいこうさいばんしょ》の裁判官《さいばんかん》はみな定《さだ》められた期間《きかん》ごとに報酬《ほうしゅう》をもらう。任期中《にんきちゅう》にこの

報酬《ほうしゅう》を減《へ》らしてはいけない。

＊ 職務《しょくむ》をやめさせること。

第《だい》八〇条《じょう》

①下級裁判所《かきゅうさいばんしょ》の裁判官《さいばんかん》は最高裁判所《さいこうさいばんしょ》が指名《しめい》した名簿《めいぼ》に従《したが》って内閣《ないかく》が任命《にんめい》する。この裁判官《さいばんかん》はみな十年《ねん》の任期《にんき》を務《つと》めた上《うえ》で、再任《さいにん》されることができる。ただし法律《ほうりつ》で決《き》められた年齢《ねんれい》に達《たっ》したら退職《たいしょく》すること。

②下級裁判所《かきゅうさいばんしょ》の裁判官《さいばんかん》はみな定《さだ》められた期間《きかん》ごとに報酬《ほうしゅう》をもらう。任期中《にんきちゅう》にこの報酬《ほうしゅう》を減《へ》らしてはいけない。

第《だい》八一条《じょう》

最高裁判所《さいこうさいばんしょ》はあらゆる法律《ほうりつ》や命令《めいれい》、規則《きそく》、行政府《ぎょうせいふ》の行《おこな》いが憲法《けんぽう》に違反《いはん》していないかどうかについての最終的《さいしゅうてき》な判断《はんだん》を行《おこな》う場《ば》である。

第《だい》八二条《じょう》

①裁判《さいばん》は公開《こうかい》で行《おこな》い、判決《はんけつ》は公表《こうひょう》しなくてはならない。

②公開《こうかい》の裁判《さいばん》では社会《しゃかい》の秩序《ちつじょ》や道徳《どうとく》にとって危険《きけん》が生《しょう》じると裁判官《さいばんかん》みなが一致《いっち》して考《かんが》えた場合《ばあい》は、非公開《ひこうかい》で裁判《さいばん》をしてもよい。それでも、政治犯罪《せいじはんざい》、出版《しゅっぱん》に関《かか》わる犯罪《はんざい》、あるいはこの憲法《けんぽう》の第《だい》三章《しょう》で保障《ほしょう》された国民《こくみん》の権利《けんり》に関《かか》わる事件《じけん》の裁判《さいばん》は、かならず公開《こうかい》で行《おこな》わなくてはならない。

第《だい》七章《しょう》　財政《ざいせい》

第《だい》八三条《じょう》

国《くに》の財政《ざいせい》を管理《かんり》する権限《けんげん》を実行《じっこう》に移《うつ》すには国会《こっかい》の議決《ぎけつ》がいる。

第《だい》八四条《じょう》

法律《ほうりつ》または法律《ほうりつ》であらかじめ決《き》められた条件《じょうけん》によらないかぎり、新《あたら》しい税《ぜい》を課《か》したり、今《いま》ある税《ぜい》を変更《へんこう》したりしてはいけない。

第《だい》八五条《じょう》

国会《こっかい》が認《みと》めないかぎり、国《くに》はお金《かね》を使《つか》ったり、また債務《さいむ》を負担《ふたん》したりしてはいけない。

第《だい》八六条《じょう》

内閣《ないかく》は会計年度《かいけいねんど》*ごとに予算《よさん》を用意《ようい》して、国会《こっかい》に提出《ていしゅつ》し、審議《しんぎ》と議決《ぎけつ》を受《う》けなければいけない。

＊官庁《かんちょう》にとっての一年《ねん》。四月一日《がっついたち》にはじまり、三月《がつ》三十一日《にち》に終《お》わる。

第《だい》八七条《じょう》

①国会《こっかい》が認《みと》めれば、予想《よそう》できない予算《よさん》の不足《ふそく》にそなえて、内閣《ないかく》の責任《せきにん》において使《つか》うことのできる予備費《よびひ》を用意《ようい》してもよい。

②予備費《よびひ》から使《つか》ったお金《かね》について、内閣《ないかく》は後《あと》から国会《こっかい》の承認《しょうにん》をもらうこと。

第《だい》八八条《じょう》

皇室《こうしつ》の財産《ざいさん》は国《くに》のものである。皇室《こうしつ》の出費《しゅっぴ》はすべて予算《よさん》の一部《いちぶ》として国会《こっかい》の承認《しょうにん》を得《え》なければならない。

第《だい》八九条《じょう》

国《くに》のお金《かね》や財産《ざいさん》を、宗教的《しゅうきょうてき》な組織《そしき》や団体《だんたい》が使《つか》ったり、その利益《りえき》としたり、維持《いじ》の費用《ひよう》とするために支出《ししゅつ》してはいけない。また、公共機関《こうきょうきかん》の支配下《しはいか》にない慈善《じぜん》・教育《きょういく》・博愛《はくあい》の事業《じぎょう》のために国《くに》のお金《かね》や財産《ざいさん》を支出《ししゅつ》してはいけない。

第《だい》九〇条《じょう》

①国《くに》の支出《ししゅつ》と収入《しゅうにゅう》を記《しる》した最終的《さいしゅうてき》な計算書《けいさんしょ》は毎年《まいとし》、会計検査院《かいけいけんさいん》による会計検査《かいけいけんさ》を受《う》けた上《うえ》で、会計年度《かいけいねんど》が終《お》わった後《あと》すぐに会計検査院《かいけいけんさいん》の報告書《ほうこくしょ》と共《とも》に、内閣《ないかく》から国会《こっかい》に提出《ていしゅつ》される。

②会計検査院《かいけいけんさいん》の組織《そしき》と権限《けんげん》は法律《ほうりつ》で決《き》める。

第《だい》九一条《じょう》

少《すく》なくとも年《ねん》に一度《ど》、定期的《ていきてき》に、内閣《ないかく》は国《くに》の財政状態《ざいせいじょうたい》について国会《こっかい》と国民《こくみん》に報告《ほうこく》をする義務《ぎむ》がある。

nao

第《だい》八章《しょう》　地方自治《ちほうじち》

第《だい》九二条《じょう》

地方自治体《ちほうじちたい》の組織《そしき》と運営《うんえい》についての規則《きそく》は、地方自治《ちほうじち》の原則《げんそく》に従《したが》って法律《ほうりつ》で決《き》める。

第《だい》九三条《じょう》

①地方自治体《ちほうじちたい》はいろいろなことを話《はな》し合《あ》って決《き》める機関《きかん》として議会《ぎかい》を、法律《ほうりつ》で決《き》めるとおりに、設置《せっち》しなければならない。

②地方自治体《ちほうじちたい》の長《ちょう》や、議会《ぎかい》の議員《ぎいん》、それに法律《ほうりつ》で決《き》められた地方公務員《ちほうこうむいん》は、それぞ

れの地域《ちいき》で行《おこな》われる直接選挙《ちょくせつせんきょ》で選《えら》ぶこと。

第《だい》九四条《じょう》

地方自治体《ちほうじちたい》は、それ自身《じしん》の財産《ざいさん》を管理《かんり》し、事務《じむ》と行政《ぎょうせい》を進《すす》め、法律《ほうりつ》の範囲内《はんいない》で条例《じょうれい》を決《き》める権限《けんげん》を持《も》つ。

第《だい》九五条《じょう》

国会《こっかい》が一《ひと》つの地方自治体《ちほうじちたい》の中《なか》だけに適用《てきよう》される特別《とくべつ》の法律《ほうりつ》を作《つく》る時《とき》は、その地方《ちほう》自治体《じちたい》の有権者《ゆうけんしゃ》の半分《はんぶん》を超《こ》える賛成票《さんせいひょう》を法律《ほうりつ》に従《したが》って得《え》なければならない。

第《だい》九章《しょう》　改正《かいせい》

第《だい》九六条《じょう》

①この憲法《けんぽう》を改正《かいせい》する手続《てつづ》きは、まず衆議院《しゅうぎいん》と参議院《さんぎいん》のすべての議員《ぎいん》の三分《ぶん》の二ないしそれ以上《いじょう》の賛成《さんせい》によって始《はじ》められる。次《つぎ》に特別《とくべつ》の国民投票《こくみんとうひょう》か、あるいは国会《こっかい》が特定《とくてい》する選挙《せんきょ》に委《ゆだ》ねられ、全投票数《ぜんとうひょうすう》の半分《はんぶん》を超《こ》える賛成票《さんせいひょう》によって国民《こくみん》の承認《しょうにん》を得《え》てはじめて憲法《けんぽう》は改正《かいせい》される。

②こうして改正《かいせい》された条項《じょうこう》は残《のこ》りの憲法《けんぽう》ぜんたいと一体《いったい》となるものとして、国民《こくみん》の名《な》において、天皇《てんのう》から公表《こうひょう》される。

第《だい》十章《しょう》　最高法規《さいこうほうき》

第《だい》九七条《じょう》

この憲法《けんぽう》は日本《にほん》の国民《こくみん》に人間《にんげん》としての基本的《きほんてき》な権利《けんり》を保障《ほしょう》する。これは自由《じゆう》を求《もと》める人々《ひとびと》が長《なが》い闘《たたか》いを経《へ》てようやく手《て》に入《い》れた成果《せいか》である。この成果《せいか》は多《おお》くの厳《きび》しい試練《しれん》を越《こ》えて今《いま》まで続《つづ》いてきたもので、どんな時《とき》にも侵《おか》すことのできないものとして、今《いま》の世代《せだい》と後《のち》の世代《せだい》に、信頼《しんらい》にもとづいて手渡《てわた》される。

第《だい》九八条《じょう》

①憲法《けんぽう》は国《くに》でいちばん大事《だいじ》な、基本的《きほんてき》な法律《ほうりつ》である。他《ほか》の法律《ほうりつ》や、命令《めいれい》、詔勅《しょうちょく》*、

その他《ほか》の政府《せいふ》の行《おこな》いが、たとえその一部《いちぶ》でも、この憲法《けんぽう》と矛盾《むじゅん》する場合《ばあい》は、法律《ほうりつ》として力《ちから》を持《も》つことができない。

②日本《にほん》が他《ほか》の国《くに》と結《むす》んだ条約《じょうやく》や国際間《こくさいかん》の法律《ほうりつ》は忠実《ちゅうじつ》に守《まも》らなければならない。

＊　天皇《てんのう》が意思《いし》を表示《ひょうじ》する文書《ぶんしょ》。

第《だい》九九条《じょう》

天皇《てんのう》と摂政《せっしょう》、国務大臣《こくむだいじん》、国会《こっかい》の議員《ぎいん》、裁判官《さいばんかん》、その他《ほか》の公務員《こうむいん》にはこの憲法《けんぽう》を尊重《そんちょう》し、しっかり護《まも》る義務《ぎむ》がある。

第《だい》十一章《しょう》　補則《ほそく》

第《だい》一〇〇条《じょう》

①この憲法《けんぽう》は公布《こうふ》の日《ひ》から六か月《げつ》を経《へ》た時《とき》に施行《しこう》される。

②この憲法《けんぽう》の施行《しこう》の準備《じゅんび》に必要《ひつよう》な、参議院議員《さんぎいんぎいん》の選挙《せんきょ》や国会召集《こっかいしょうしゅう》、その他《ほか》の手続《てつづ》きのための法律《ほうりつ》を決《き》める作業《さぎょう》は、前項《ぜんこう》に書《か》いた日付《ひづけ》よりも早《はや》く始《はじ》めてもかまわない。

第《だい》一〇一条《じょう》

もしもこの憲法《けんぽう》が発効《はっこう》する日《ひ》までに参議院《さんぎいん》が成立《せいりつ》していなければ、参議院《さんぎいん》が成立《せいりつ》するまでの間《あいだ》は衆議院《しゅうぎいん》だけでも国会《こっかい》として認《みと》められる。

第《だい》一〇二条《じょう》

この憲法《けんぽう》のもとにおける最初《さいしょ》の参議院議員《さんぎいんぎいん》の半分《はんぶん》については、任期《にんき》は三年《ねん》とする。誰《だれ》が三年《ねん》の任期《にんき》に当《あ》たるかは法律《ほうりつ》で決《き》める。

第《だい》一〇三条《じょう》

この憲法《けんぽう》が効力《こうりょく》を発《はっ》する日《ひ》に在職《ざいしょく》している国務大臣《こくむだいじん》、衆議院議員《しゅうぎいんぎいん》、裁判官《さいばんかん》、またこの憲法《けんぽう》によって認《みと》められた他《ほか》の公務員《こうむいん》も、法律《ほうりつ》で決《き》めた特別《とくべつ》の場合《ばあい》を除《のぞ》いて、この憲法《けんぽう》の発効《はっこう》を理由《りゆう》にそのまま地位《ちい》を失《うしな》うことにはならない。けれども、この憲《けん》法《ぽう》が決《き》めたとおりの手順《てじゅん》で後任《こうにん》の人《ひと》が選挙《せんきょ》または任命《にんめい》された時《とき》には、言《い》うまでもなくその地位《ちい》を失《うしな》う。

Mao

翻訳について

これまでいろいろ翻訳《ほんやく》をやってきて、その中には小説や詩やエッセーがあり、映画の字幕という特殊《とくしゅ》なものもあったけれど、法律《ほうりつ》というのは初めてだった。

普通《ふつう》ならばこれは法律の専門家がする仕事で、ぼくなどの出る幕ではない。英語の法律用語を知り、その背後にある概念《がいねん》や制度を知った人が、それを日本の法制度と突き合わせながら、意味が正確に伝わるように日本語に移す。その技術も知識《ちしき》もぼくにはない。

翻訳とはそういう調整を含む作業である。翻訳には、元のテクストを支《ささ》えている文化と訳出先の文化の間にある隙間《すきま》をどうするかという問題がいつもつきまとう。その隙間を明らかにした上で処理してゆくのが翻訳だとも言える。翻訳とは橋を架《か》ける作業であり、その前提には川という隔《へだ》てるものがある。

法学のホの字も知らない素人《しろうと》が、法律の翻訳という専門的な分野に敢《あ》えて足を踏み入れた理由は簡単、これが憲法《けんぽう》だったからだ。

憲法というのは法律の中でも最も文学的な法だ。飢《う》えてパンを盗《ぬす》んだ者にはどの程度の刑罰《けいばつ》がふさわしいかを刑法は問うだろう。しかし、なぜ彼がパンを盗まなければならなかったか、どうすれば国家は飢える者を出さない社会を作れるか、そこを論じるのが憲法。その意味で憲法はヴィクトル・ユゴーの小説『レ・ミゼラブル』と同じ問題を扱《あつか》う。

しかもこれはぼくの国の基本的な形を規定《きてい》している文章であり、その意味でもとても興味ぶかい。ぼくたちの日常生活の土台となっているのがこの一連の文章である。そう、憲法もまた一種の文章であって、そう考えると翻訳者としてこれはなかなかそそられるテクストであると言える。

現行の訳に対する不満もある。これは専門家が訳したもので、専門家の訳というのはいつでも細部の整合性《せいごうせい》に意を注ぐあまり、ぜんたいがおろそかになる。木を見て森を見ない。

ただ、それを言うなら、元の英語のテクストも専門的すぎる。原文を批判《ひはん》するというのは翻訳者がすべきことではないけれど、英語のテクストもまた何かからの翻訳であって、その訳の文体が硬《かた》すぎるという印象は否定できない。

英語の元《もと》になっている原テクストは何かと言えば、近代の西欧《せいおう》社会が育《はぐく》んできた人権《じんけん》思想《しそう》であり、国家像であり、社会観であり、法体系だ。この憲法の背後にはジョン・ロックがあり、フランス革命があり、リンカーンのゲティスバーグの演説があり、その他さまざまな思想がある。日本の憲法という一国にまつわる固有性《こゆうせい》よりも、今の時代の憲法という世界的な普遍性《ふへんせい》の方が強い。そのような憲法を持たなくては、いわゆる国際《こくさい》社会の一員としての地位は得《え》られない。日本人が敗戦《はいせん》を経《へ》て学んだのはそういう事実だった。

つまり今ぼくたちが持っている憲法の文章は、近代人権思想から憲法という法律の文体へ、さらに英語で書かれたテクストから日本語テクストへと、二段階の翻訳を経たものだ。

法律というもの、その大半は専門家に任《まか》せておいていい。例《たと》えば「船舶《せんぱく》のトン数の測度に関する法律」の詳細《しょうさい》を素人が知る必要はない。けれども、憲法だけは知っておいた方がいい。逆説めいた言いかたになるが、憲法は抽象的《ちゅうしょうてき》な分だけ日常的なのだ。

垣根《かきね》を越《こ》えて伸びてきた枝に生《な》った柿《かき》の実はそれでも隣家《りんか》のものであり、地下からこちらの庭へ伸びた根から生《は》えた竹の子は当方のものである。こういう議論《ぎろん》は民《みん》法《ぽう》の専門家に任せておこう。

しかし、アメリカが一方的に始める戦争に日本の自衛艦《じえいかん》が参加してよいかどうか、これは専門家が決めることではない。こういう問題については特別の発言権を持つ専門家はいない。誰《だれ》もが素人の資格《しかく》で参加して議論をしなければいけない。それが民主主義《みんしゅしゅぎ》というものだ。

そのためには「戦争の放棄《ほうき》」について本来の精神が読みとれる、素人のための文体で書かれた、憲法第九条が必要になる。

「この世界ぜんたいに正義《せいぎ》と秩序《ちつじょ》をもとにした平和がもたらされることを心から願

って、われわれ日本人は、国として戦争をすることを永遠に放棄する。国の間の争いを武力《ぶりょく》による脅《おど》しや武力攻撃《こうげき》によって解決することは認《みと》めない」

先に翻訳は文化の間の隙間に橋を架ける作業だと書いた。それはそのまま、どこにどんな隙間があるかを明らかにする作業でもあり、立派な橋が架けられなくてぐらぐら揺れる仮の橋でさしあたり間に合わせる作業でもある。あるいはまた、架《か》橋《きょう》の限界を嘆《なげ》くことでもあるらしい。

具体的に話そう。

「日本の憲法」の英語のテクストには people という言葉が何度も出てくる。公式の「日本国憲法」ではこれは一様に「日本国民」と訳されている。日本という国の主体であり、主役であり、主人であるこの国の人々のことだから「国民」でいいと普通は考えられている。

しかし、英語の people は本来もっと意味が広い言葉だった。辞書によればこれは、（世間一般の）人々、民族、国民、市民、公民、人民、などと訳し得《う》るのだ。ほんとうに people をぜんぶ国民と訳していいのかどうか。

人民だって「じんみん」と読むとしばらく前の左翼《さよく》の雰囲気《ふんいき》だけれども、「にんみん」と読めばこれは『平家物語』以来の典雅《てんが》な日本語になる。仏典でもこう読むらしい。

アメリカでは、刑事訴訟《そしょう》の場合、検察側は people を名乗る。仮《かり》に池澤夏樹《いけざわなつき》なる人物が何か犯罪の容疑で裁判《さいばん》にかけられるとした場合、その裁判は「people 対池澤夏樹」と呼ばれる。こういう時はまさに people は国民であるだろう。だが、それがぜんぶではない。何よりも people には人が集まって社会ができたということの流れが読み取れるが、国民はそうではない。

「国民」という言葉の問題は、民《たみ》の前に国があることだ（単に漢字の並び順で国の方が上にあるということではない）。まず国があって、そこにいる人々が認定《にんてい》されて国民になるという感じ。

しかし、そうではないだろう。ことの順序としては、日本列島に住む人々が長い歴史のある段階で国を作り、やがてそこは日本と呼ばれることになり、近代に至って整備され、その運営のためのルールを作った。その最後の形が今ぼくたちが住んでいるこの国だ。

だから最初にあったのは民であって国ではない。古代の話ではなく、一九四七年五月三日のこととして考えてみよう。「大日本帝国憲法《だいにっぽんていこくけんぽう》」が失効して「日本国憲法」が発効《はっこう》するまでの空白の一瞬、日本国民はいなかった。そこにいたのは日本人であって、これは日本列島に住む人々という意味だった（その時点でこの定義に従って国籍法《こくせきほう》を作っていれば、「在日《ざいにち》」などという言葉は必要なかったはずだ）。

だから、「前文《ぜんぶん》」の最初に出てくる We, the Japanese people をぼくは「日本国民」ではなく「私たち日本人」と訳した。なぜならば、「日本国民」はここより後の方で現れるはずの概念だから。国民の資格が定義されるのは憲法制定の後なのだ。

また「人民」とすると明らかに天皇《てんのう》は含まれないが、「国民」とすると含まれるかもしれないという問題提起もあることを附記《ふき》しておこう。

この「国民」と同じような問題として、英語における nation と state と country の使い分けというのがある。この三つの定義域と日本語における「国」と「国家」と「国民」と「民族」とは重なっていない。どちらかというと state が制度的で、nation が人の集団という印象が強く、残る country では国土の側面がわずかに強調されているだろうか。

こんな根本的なところで翻訳には難問がつきまとう。アメリカ人にとっての国と、フランス人にとっての国、それに日本人やインド人にとっての国はそれぞれまったく違う概念であるかもしれない。

ぼくは第九条を訳していて、international disputes を「国と国、並びに民族の間の争い」と訳したい誘惑《ゆうわく》をかろうじて抑《おさ》えた。international は nation の間の、という意味であって、それならば原義に戻って国と民族の両方を意味すると取れないこともない。

日本的な偏見《へんけん》としてしばしば挙《あ》げられるものの一つに、一国には一民族という思い込みがある（そのついでに、一国に一言語という錯覚《さっかく》もあるのだが）。しかし実際には一民族だけで成り立っている国などまずないだろう。そう言い切れるほど民族というのは確立した概念ではない。民族を定義するのは血統や文化や言語である以上に当人の自覚である。あなたは何民族ですかと問われてはじめて明らかになるものだ。機械的・科学的に決められるものではないし、したがって他人が決められるものでもない。結局のところ、民族というのは一種の恣意的《しいてき》な分類基準にすぎないとぼくは考える。

だから、国と民族は決して一致しないし、旧ユーゴスラビアのように、一国の中で nation が争う事態《じたい》は珍しくない。

しかし、それを international disputes に含めるのは英語の語法としてやはり無理があるようだ。

ぼくには、戦後の日本を明治から敗戦までの日本と切り離して考えたいという欲《よっ》求《きゅう》がある。なんと言っても一九四五年の生まれ、つまり戦後日本の子だから、これは当然かもしれない。

天皇という荘《そう》重《ちょう》な称《しょう》号《ごう》はほんとうに「まとまって国を作ろうという人々の気持ちのシンボル」にふさわしいだろうか、と第一条を訳しながら考えた。

英語の emperor に戻って考えるとしても、まさか皇《こう》帝《てい》とか帝《てい》王《おう》とは訳せない。それではいよいよ大《おお》袈《げ》裟《さ》になってしまう。白馬にまたがって大軍を率いるのではなく、もっと典雅な、文化の君主、江戸時代にそうであったような伝統と儀《ぎ》式《しき》と和歌の君主である方が、この憲法の中ではふさわしい。では、いっそ「みかど」と呼んでしまおうか。

これもずいぶん考えたのだが、今の段階ではやはり無理があるということでひとまず引っ込めることにした。それでも、「みかどは国のシンボル」、という訳にはまだ少し未練がある。

明治以降、日本は西欧の文化と思想を大量に移入して、それぞれにふさわしい訳語を作った。そういう方法によらなければ文化と思想の移入はできないし、だいいち日本は奈良朝から平安朝にかけてもそうやって中国の文化を入れ、それを土台にして独自の文化を育ててきた。まったくオリジナルな文物を考え出すのはあまり得意ではないけれど、輸入と改良は上手《じょうず》な人々だったらしい。

しかし、文化や思想の輸入にはそれなりのむずかしさがある。訳語を作ったところで仕事は終わったと錯覚《さっかく》すると、元の文化や思想は充分に消化されないまま宙に浮く。

これは漢語の移入の時から日本の文化につきまとう問題だった。漢語にするとわかった気になってしまって、それ以上は考えなくなる。だから「自由」というと勝手放題ができることと受け取るばかりで、その先に考えが届かない。

ちなみに『広辞苑《こうじえん》』（第五版）はなかなかしっかり「自由」を定義している――「一般的には、責任をもって何かをすることに障害（束縛《そくばく》・強制など）がないこと。自由は一定の前提条件の上で成立しているから、無条件的な絶対の自由は人間にはない。自由は、障害となる条件の除去・緩和《かんわ》によって拡大するから、目的のために自然的・社会的条件を変革することは自由の増大である。この意味での自由は、自然・社会の法則の認識を通じて実現される」。なるほど。

この訳語で本当によかったのかというものも実は少なくない。明治の初め、right は「権利」と訳されることになった。何か受け取るものという連想から「利」の字が入ったのだろう。逆に「義務《ぎむ》」の方には与えるものという響《ひび》きがある。

しかし、right の本来の意味は「正しい」ということだ。「権利」と書くとみなが勝手に主張して奪い合うエゴイズムの構図が透けて見える。では、もしもこれが「権理」と書かれていたら、「理《ことわり》」という字を用いていたら、日本語における right

はもう少し筋が通ったものになっていたのではないか。

今から言ってもしかたがないことだけれど、それほど翻訳は大事であって、また本来の語義を正しく移す訳はむずかしいということだ。仮の訳でも正しい語義や真の意味は後からついてくると言ってよければ、この憲法の私訳＝試訳はそのささやかな例を目指すものと受け取っていただきたい。

シェークスピアの芝居を自分たちだけは昔の言葉で上演しなければならないとイギリス人が嘆く。他の言語ではそれぞれ時代に応じた翻訳をもとに、いくらでも斬《ざん》新《しん》な「ハムレット」や「テンペスト」が楽しめる。

そう考えると、翻訳というのはハンディキャップであると同時にアドヴァンテージでもある。翻訳によって憲法を更新《こうしん》できるなんて、なんと日本は先進的な国だろうというのが、この仕事を終えたぼくの感想。

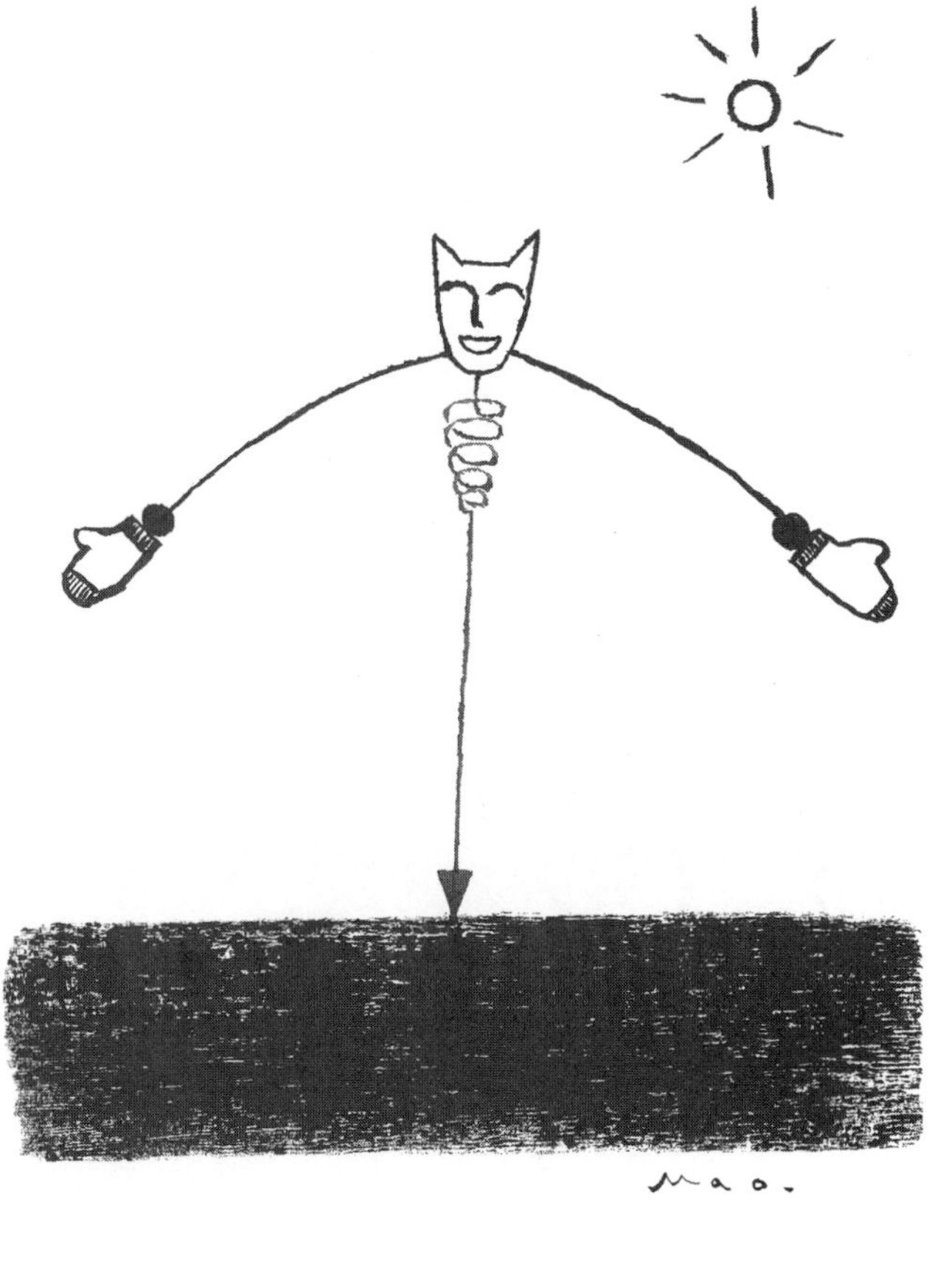
Mao.

あとがき

イラクで戦争《せんそう》が始まった。

アメリカとイギリスが武力《ぶりょく》でイラクの政府を倒そうとしている。爆弾《ばくだん》が落ち、ミサイルが飛び、人が死んでゆく。

日本政府はこの行動を支援《しえん》している。

国はいろいろなことができる。公平な社会を作り、人々の暮らしを豊かにする土台を作る。安全を保《たも》つ。他の国々との間に親しい関係を築《きず》く。また、税金を使って医療《いりょう》や教育、年金《ねんきん》などを充実させ、これから伸びる産業に手を貸し、科学の研究を進める。

その一方で、国は税金で武器を用意し、それを使って他の国を侵略《しんりゃく》する。これもまた昔から人々が国の名においてやってきたことだ。

国は人が作る。つまり人々の意思で設計できる。最初に国の形をおおよそ決めた上で、上手《じょうず》に運営する。その指針として憲法《けんぽう》がある。

国を戦争の主体としないために、日本の憲法は「国の間の争いを武力による脅《おど》しや武力攻撃《こうげき》によって解決することは認《みと》めない」と決めた。

誰《だれ》が読んでも明快この上ない戦争の否定である。

法律《ほうりつ》は自然の法則とは違う。自然界ではものは必ず上から下に落ちるし、太陽は東から昇る。だが法律は決めれば自動的に機能するものではない。何を決めても人々がそれを尊重《そんちょう》しなければ法律は空《から》っぽの文章にすぎない。

ぼくたちはもういちど、この憲法の精神に返らなければならない。

文庫版のあとがき

この『憲法《けんぽう》なんて知らないよ』の単行本のために「あとがき」を書いたのはちょうど二年前、アメリカがイラクに侵攻した直後だった。

ぼくは旅先の和歌山にいて、宿のテレビで開戦を知った。前の年の十一月にイラクから帰って以来ずっと、イラクの人々の普段の姿を伝えて非戦を訴えてきた後だったから、ずいぶん落胆した。とうとう始めてしまったかと思った。あの国の知人たちの頭上を砲弾《ほうだん》が飛び交い、ミサイルが降る。

この二年間でアメリカの失策は明らかになった。武力《ぶりょく》の行使は多くの犠牲者を生むばかりで、一国の改善には役に立たない。アメリカ政府は憲法第九条の正しさを、裏返しの形で、証明してくれた。

それを理由にここで絶対護憲を主張するつもりはぼくにはない。

なんといっても自分たちの憲法なのだから、踏み込んで議論した方がいい。この憲法はなかなかいいとぼくは考えているけれども、ここに足りないもの、改めるべき部分はあるかもしれない。

もしこの先もこの憲法で行くとしたら、それはただ現状維持ということではなく、熟慮の上で改めてこの憲法を選び直すのでなければならない。

それでも、第九条の精神はそのまま残した方がいいと思う。イラクに見るように、「戦争の放棄《ほうき》」は時代を超えて普遍的《ふへんてき》な正しい主張である。


今、提示されている改憲論の多くは国をもっと強くしようというものだ。国民に対する国の権限を強める。他国に対しては武力を誇示する。戦争ができる国に仕立て直す。

この主張には賛成できない。国のはじまりはそこに住む人々である。人より国の方が強いというのはグロテスクだ。それに、武力を振りかざして威張《いば》る国は隣人たちから嫌われる。

もう一つ、たぶんこの憲法のおかげで、これまでの日本はなかなか平等性の高いフェアな社会だった。それが最近になって崩れ始めている。一部の人が日の当たる場所に居座って動かない。所得の格差は広がり、それが固定化する。理不尽《りふじん》に敗者とされた人々に回復のチャンスが与えられない。社会ぜんたいがそういう方へ動いている。

ある意味で、日本はアメリカ化していると言ってもいいかもしれない。アメリカは先進国の中で最も不平等な社会を築いた。今は手中にある富を武力で維持しようとしている。ともかく威張っている。

日本にはそういうアメリカを手本にしたいと願うリッチで戦闘的な人もいる。もしも今、このような傾向に沿って憲法が改められると、日本は弱者にとって住みにくい国になる。本当に日本人の多くがそれを望んでいるのかどうか、みんなの本当の気持ちを聞かなければならない。

いずれにしても議論は必要なのだ。その前提として、今の憲法をゼロに戻して、単なる参考として脇に置いて、新しい日本の姿を考えるのもいいだろう。どういう憲法にしたら国の形はどう変わるか。住み心地はどうなるか。そこのところを想像してみる。この国で最も弱い立場で暮らす者としての自分を考える。

その上で、今の憲法に戻って読み直してみよう。

その時にこの本が役に立つとぼくは嬉しい。

二〇〇五年三月　　池澤夏樹

日本国憲法

公布：昭和21年11月3日
施行：昭和22年5月3日

朕《ちん》は、日本国民の総意に基いて、新日本建設の礎《いしずえ》が、定まるに至つたことを、深くよろこび、枢密《すうみつ》顧問《こもん》の諮詢《しじゆん》及び帝国憲法第七十三条による帝国議会の議決を経た帝国憲法の改正を裁可し、ここにこれを公布せしめる。

御名御璽《ぎょめいぎょじ》

昭和二十一年十一月三日

内閣総理大臣兼外務大臣　吉田茂
国務大臣　男爵　幣原喜重郎
司法大臣　木村篤太郎
内務大臣　大村清一
文部大臣　田中耕太郎
農林大臣　和田博雄
国務大臣　斎藤隆夫
逓信大臣　一松定吉
商工大臣　星島二郎
厚生大臣　河合良成
国務大臣　植原悦二郎
運輸大臣　平塚常次郎
大蔵大臣　石橋湛山
国務大臣　金森徳次郎
国務大臣　膳桂之助

日本国憲法

日本国民は、正当に選挙された国会における代表者を通じて行動し、われらとわれらの子孫のために、諸国民との協和による成果と、わが国全土にわたつて自由のもたらす恵沢《けいたく》を確保し、政府の行為によつて再び戦争の惨禍《さんか》が起ることのないやうにすることを決意し、ここに主権が国民に存することを宣言し、この憲法を確定する。そもそも国政は、国民の厳粛な信託によるものであつて、その権威は国民に由来し、その権力は国民の代表者がこれを行使し、その福利は国民がこれを享受《きようじゆ》する。これは人類普遍の原理であり、この憲法は、かかる原理に基くものである。われらは、これに反する一切の憲法、法令及び詔《しよう》勅《ちよく》を排除する。

日本国民は、恒久《こうきゆう》の平和を念願し、人間相互の関係を支配する崇高《すうこう》な理想を深く自覚するのであつて、平和を愛する諸国民の公正と信義に信頼して、われらの安全と生存を保持しようと決意した。われらは、平和を維持し、専制と隷従《れいじゆう》、圧迫と偏狭を地上から永遠に除去しようと努めてゐる国際社会において、名誉ある地位を占めたいと思ふ。われらは、全世界の国民が、ひとしく恐怖と欠乏から免かれ、平和のうちに生存する権利を有することを確認する。

われらは、いづれの国家も、自国のことのみに専念して他国を無視してはならないのであつて、政治道徳の法則は、普遍的なものであり、この法則に従ふことは、自国の主権を維持し、他国と対等関係に立たうとする各国の責務であると信ずる。

日本国民は、国家の名誉にかけ、全力をあげてこの崇高な理想と目的を達成することを誓ふ。

第一章　天皇

第一条

天皇は、日本国の象徴であり日本国民統合の象徴であつて、この地位は、主権の存する日本国民の総意に基く。

第二条

皇位は、世襲のものであつて、国会の議決した皇室典範《こうしつてんぱん》の定めるところにより、これを継承する。

第三条

天皇の国事に関するすべての行為には、内閣の助言と承認を必要とし、内閣が、その責任を負ふ。

第四条

①天皇は、この憲法の定める国事に関する行為のみを行ひ、国政に関する権能を有しない。

②天皇は、法律の定めるところにより、その国事に関する行為を委任することができる。

第五条

皇室典範の定めるところにより摂政《せっしょう》を置くときは、摂政は、天皇の名でその国事に関する行為を行ふ。この場合には、前条第一項の規定を準用する。

第六条

①天皇は、国会の指名に基いて、内閣総理大臣を任命する。

②天皇は、内閣の指名に基いて、最高裁判所の長たる裁判官を任命する。

第七条

天皇は、内閣の助言と承認により、国民のために、左の国事に関する行為を行ふ。

（１）憲法改正、法律、政令及び条約を公布すること。

（２）国会を召集すること。

（３）衆議院を解散すること。

（4）国会議員の総選挙の施行を公示すること。

（5）国務大臣及び法律の定めるその他の官吏の任免並びに全権委任状及び大使及び公使の信任状を認証すること。

（6）大赦、特赦、減刑、刑の執行の免除及び復権を認証すること。

（7）栄典を授与すること。

（8）批准書《ひじゅんしょ》及び法律の定めるその他の外交文書を認証すること。

（9）外国の大使及び公使を接受すること。

（10）儀式を行ふこと。

第八条

皇室に財産を譲り渡し、又は皇室が、財産を譲り受け、若《も》しくは賜与《しよ》することは、国会の議決に基かなければならない。

第二章　戦争の放棄

第九条

①日本国民は、正義と秩序を基調とする国際平和を誠実に希求し、国権の発動たる戦争と、武力による威嚇《いかく》又は武力の行使は、国際紛争を解決する手段としては、永久にこれを放棄する。

②前項の目的を達するため、陸海空軍その他の戦力は、これを保持しない。国の交戦権は、これを認めない。

第三章　国民の権利及び義務

第一〇条

日本国民たる要件は、法律でこれを定める。

第一一条

国民は、すべての基本的人権の享有を妨げられない。この憲法が国民に保障する基本的人権は、侵すことのできない永久の権利として、現在及び将来の国民に与へられる。

第一二条

この憲法が国民に保障する自由及び権利は、国民の不断の努力によつて、これを保持しなければならない。又、国民は、これを濫用《らんよう》してはならないのであつて、常に公共の福祉のためにこれを利用する責任を負ふ。

第一三条

すべて国民は、個人として尊重される。生命、自由及び幸福追求に対する国民の権利については、公共の福祉に反しない限り、立法その他の国政の上で、最大の尊重を必要とする。

第一四条

①すべて国民は、法の下《もと》に平等であつて、人種、信条、性別、社会的身分又は門地により、政治的、経済的又は社会的関係において、差別されない。

②華族その他の貴族の制度は、これを認めない。

③栄誉、勲章その他の栄典の授与は、いかなる特権も伴はない。栄典の授与は、現にこれを有し、又は将来これを受ける者の一代に限り、その効力を有する。

第一五条

①公務員を選定し、及びこれを罷免《ひめん》することは、国民固有の権利である。
②すべて公務員は、全体の奉仕者であつて、一部の奉仕者ではない。
③公務員の選挙については、成年者による普通選挙を保障する。
④すべて選挙における投票の秘密は、これを侵してはならない。選挙人は、その選択に関し公的にも私的にも責任を問はれない。

第一六条

何人も、損害の救済、公務員の罷免、法律、命令又は規則の制定、廃止又は改正その他の事項に関し、平穏に請願する権利を有し、何人も、かかる請願をしたためにいかなる差別待遇も受けない。

第一七条

何人も、公務員の不法行為により、損害を受けたときは、法律の定めるところにより、国又は公共団体に、その賠償を求めることができる。

第一八条

何人も、いかなる奴隷的拘束《こうそく》も受けない。又、犯罪に因《よ》る処罰の場合を除いては、その意に反する苦役《くえき》に服させられない。

第一九条

思想及び良心の自由は、これを侵してはならない。

第二〇条

①信教の自由は、何人に対してもこれを保障する。いかなる宗教団体も、国から特権を受け、又は政治上の権力を行使してはならない。

②何人も、宗教上の行為、祝典、儀式又は行事に参加することを強制されない。

③国及びその機関は、宗教教育その他いかなる宗教的活動もしてはならない。

第二一条

①集会、結社及び言論、出版その他一切の表現の自由は、これを保障する。

②検閲《けんえつ》は、これをしてはならない。通信の秘密は、これを侵してはならない。

第二二条

①何人も、公共の福祉に反しない限り、居住、移転及び職業選択の自由を有する。

②何人も、外国に移住し、又は国籍を離脱する自由を侵されない。

第二三条

学問の自由は、これを保障する。

第二四条

①婚姻は、両性の合意のみに基いて成立し、夫婦が同等の権利を有することを基本として、相互の協力により、維持されなければならない。

②配偶者の選択、財産権、相続、住居の選定、離婚並びに婚姻及び家族に関するその他の事項に関しては、法律は、個人の尊厳と両性の本質的平等に立脚して、制定されなければならない。

第二五条

①すべて国民は、健康で文化的な最低限度の生活を営む権利を有する。

②国は、すべての生活部面について、社会福祉、社会保障及び公衆衛生の向上及び増進に

努めなければならない。

第二六条

①すべて国民は、法律の定めるところにより、その能力に応じて、ひとしく教育を受ける権利を有する。

②すべて国民は、法律の定めるところにより、その保護する子女に普通教育を受けさせる義務を負ふ。義務教育は、これを無償とする。

第二七条

①すべて国民は、勤労の権利を有し、義務を負ふ。

②賃金、就業時間、休息その他の勤労条件に関する基準は、法律でこれを定める。

③児童は、これを酷使してはならない。

第二八条

勤労者の団結する権利及び団体交渉その他の団体行動をする権利は、これを保障する。

第二九条

①財産権は、これを侵してはならない。

②財産権の内容は、公共の福祉に適合するやうに、法律でこれを定める。
③私有財産は、正当な補償の下に、これを公共のために用ひることができる。

第三〇条

国民は、法律の定めるところにより、納税の義務を負ふ。

第三一条

何人も、法律の定める手続によらなければ、その生命若しくは自由を奪はれ、又はその他の刑罰を科せられない。

第三二条

何人も、裁判所において裁判を受ける権利を奪はれない。

第三三条

何人も、現行犯として逮捕される場合を除いては、権限を有する司法官憲が発し、且《か》つ理由となつてゐる犯罪を明示する令状によらなければ、逮捕されない。

第三四条

何人も、理由を直《ただ》ちに告げられ、且つ、直ちに弁護人に依頼する権利を与へられなければ、抑留又は拘禁されない。又、何人も、正当な理由がなければ、拘禁されず、要求があれば、その理由は、直ちに本人及びその弁護人の出席する公開の法廷で示されなければならない。

第三五条

①何人も、その住居、書類及び所持品について、侵入、捜索及び押収を受けることのない権利は、第三三条の場合を除いては、正当な理由に基いて発せられ、且つ捜索する場所及び押収する物を明示する令状がなければ、侵されない。

②捜索又は押収は、権限を有する司法官憲が発する各別の令状により、これを行ふ。

第三六条

公務員による拷問《ごうもん》及び残虐な刑罰は、絶対にこれを禁ずる。

第三七条

①すべて刑事事件においては、被告人は、公平な裁判所の迅速な公開裁判を受ける権利を有する。

②刑事被告人は、すべての証人に対して審問する機会を充分に与へられ、又、公費で自己のために強制的手続により証人を求める権利を有する。

③刑事被告人は、いかなる場合にも、資格を有する弁護人を依頼することができる。被告人が自らこれを依頼することができないときは、国でこれを附《ふ》する。

第三八条

①何人も、自己に不利益な供述を強要されない。

②強制、拷問若しくは脅迫による自白又は不当に長く抑留若しくは拘禁された後の自白は、これを証拠とすることができない。

③何人も、自己に不利益な唯一の証拠が本人の自白である場合には、有罪とされ、又は刑罰を科せられない。

第三九条

何人も、実行の時に適法であつた行為又は既に無罪とされた行為については、刑事上の責任を問はれない。又、同一の犯罪について、重ねて刑事上の責任を問はれない。

第四〇条

何人も、抑留又は拘禁された後、無罪の裁判を受けたときは、法律の定めるところにより、国にその補償を求めることができる。

第四章　国会

第四一条

国会は、国権の最高機関であつて、国の唯一の立法機関である。

第四二条

国会は、衆議院及び参議院の両議院でこれを構成する。

第四三条

①両議院は、全国民を代表する選挙された議員でこれを組織する。

②両議院の議員の定数は、法律でこれを定める。

第四四条

両議院の議員及びその選挙人の資格は、法律でこれを定める。但《ただ》し、人種、信条、性別、社会的身分、門地、教育、財産又は収入によつて差別してはならない。

第四五条

衆議院議員の任期は、四年とする。但し、衆議院解散の場合には、その期間満了前に終了する。

第四六条

参議院議員の任期は、六年とし、三年ごとに議員の半数を改選する。

第四七条

選挙区、投票の方法その他両議院の議員の選挙に関する事項は、法律でこれを定める。

第四八条

何人も、同時に両議院の議員たることはできない。

第四九条

両議院の議員は、法律の定めるところにより、国庫から相当額の歳費を受ける。

第五〇条

両議院の議員は、法律の定める場合を除いては、国会の会期中逮捕されず、会期前に逮捕された議員は、その議院の要求があれば、会期中これを釈放しなければならない。

第五一条
両議院の議員は、議院で行つた演説、討論又は表決について、院外で責任を問はれない。

第五二条
国会の常会は、毎年一回これを召集する。

第五三条
内閣は、国会の臨時会の召集を決定することができる。いづれかの議院の総議員の四分の一以上の要求があれば、内閣は、その召集を決定しなければならない。

第五四条
①衆議院が解散されたときは、解散の日から四〇日以内に、衆議院議員の総選挙を行ひ、その選挙の日から三〇日以内に、国会を召集しなければならない。
②衆議院が解散されたときは、参議院は、同時に閉会となる。但し、内閣は、国に緊急の必要があるときは、参議院の緊急集会を求めることができる。
③前項但書の緊急集会において採られた措置《そち》は、臨時のものであつて、次の国会開会の後一〇日以内に、衆議院の同意がない場合には、その効力を失ふ。

第五五条

両議院は、各〻その議員の資格に関する争訟を裁判する。但し、議員の議席を失はせるには、出席議員の三分の二以上の多数による議決を必要とする。

第五六条

①両議院は、各〻その総議員の三分の一以上の出席がなければ、議事を開き議決することができない。

②両議院の議事は、この憲法に特別の定のある場合を除いては、出席議員の過半数でこれを決し、可否同数のときは、議長の決するところによる。

第五七条

①両議院の会議は、公開とする。但し、出席議員の三分の二以上の多数で議決したときは、秘密会を開くことができる。

②両議院は、各〻その会議の記録を保存し、秘密会の記録の中で特に秘密を要すると認められるもの以外は、これを公表し、且つ一般に頒布《はんぷ》しなければならない。

③出席議員の五分の一以上の要求があれば、各議員の表決は、これを会議録に記載しなけ

ればならない。

第五八条

①両議院は、各〻その議長その他の役員を選任する。

②両議院は、各〻その会議その他の手続及び内部の規律に関する規則を定め、又、院内の秩序をみだした議員を懲罰《ちようばつ》することができる。但し、議員を除名するには、出席議員の三分の二以上の多数による議決を必要とする。

第五九条

①法律案は、この憲法に特別の定のある場合を除いては、両議院で可決したとき法律となる。

②衆議院で可決し、参議院でこれと異なつた議決をした法律案は、衆議院で出席議員の三分の二以上の多数で再び可決したときは、法律となる。

③前項の規定は、法律の定めるところにより、衆議院が、両議院の協議会を開くことを求めることを妨げない。

④参議院が、衆議院の可決した法律案を受け取つた後、国会休会中の期間を除いて六〇日

以内に、議決しないときは、衆議院は、参議院がその法律案を否決したものとみなすことができる。

第六〇条

①予算は、さきに衆議院に提出しなければならない。

②予算について、参議院で衆議院と異なつた議決をした場合に、法律の定めるところにより、両議院の協議会を開いても意見が一致しないとき、又は参議院が、衆議院の可決した予算を受け取つた後、国会休会中の期間を除いて三〇日以内に、議決しないときは、衆議院の議決を国会の議決とする。

第六一条

条約の締結に必要な国会の承認については、前条第二項の規定を準用する。

第六二条

両議院は、各〻国政に関する調査を行ひ、これに関して、証人の出頭及び証言並びに記録の提出を要求することができる。

第六三条

内閣総理大臣その他の国務大臣は、両議院の一に議席を有すると有しないとにかかはらず、何時でも議案について発言するため議院に出席することができる。又、答弁又は説明のため出席を求められたときは、出席しなければならない。

第六四条

①国会は、罷免の訴追を受けた裁判官を裁判するため、両議院の議員で組織する弾劾《だんがい》裁判所を設ける。

②弾劾に関する事項は、法律でこれを定める。

第五章　内閣

第六五条

行政権は、内閣に属する。

第六六条

①内閣は、法律の定めるところにより、その首長たる内閣総理大臣及びその他の国務大臣でこれを組織する。

②内閣総理大臣その他の国務大臣は、文民でなければならない。

③内閣は、行政権の行使について、国会に対し連帯して責任を負ふ。

第六七条

①内閣総理大臣は、国会議員の中から国会の議決で、これを指名する。この指名は、他のすべての案件に先だつて、これを行ふ。

②衆議院と参議院とが異なつた指名の議決をした場合に、法律の定めるところにより、両議院の協議会を開いても意見が一致しないとき、又は衆議院が指名の議決をした後、国会休会中の期間を除いて一〇日以内に、参議院が、指名の議決をしないときは、衆議院の議決を国会の議決とする。

第六八条

①内閣総理大臣は、国務大臣を任命する。但し、その過半数は、国会議員の中から選ばれ

なければならない。

②内閣総理大臣は、任意に国務大臣を罷免することができる。

第六九条

内閣は、衆議院で不信任の決議案を可決し、又は信任の決議案を否決したときは、一〇日以内に衆議院が解散されない限り、総辞職をしなければならない。

第七〇条

内閣総理大臣が欠けたとき、又は衆議院議員総選挙の後に初めて国会の召集があつたときは、内閣は、総辞職をしなければならない。

第七一条

前二条の場合には、内閣は、あらたに内閣総理大臣が任命されるまで引き続きその職務を行ふ。

第七二条

内閣総理大臣は、内閣を代表して議案を国会に提出し、一般国務及び外交関係について国会に報告し、並びに行政各部を指揮監督する。

第七三条

内閣は、他の一般行政事務の外、左の事務を行ふ。
（1）法律を誠実に執行し、国務を総理すること。
（2）外交関係を処理すること。
（3）条約を締結すること。但し、事前に、時宜《じぎ》によつては事後に、国会の承認を経ることを必要とする。
（4）法律の定める基準に従ひ、官吏に関する事務を掌理《しようり》すること。
（5）予算を作成して国会に提出すること。
（6）この憲法及び法律の規定を実施するために、政令を制定すること。但し、政令には、特にその法律の委任がある場合を除いては、罰則を設けることができない。
（7）大赦、特赦、減刑、刑の執行の免除及び復権を決定すること。

第七四条

法律及び政令には、すべて主任の国務大臣が署名し、内閣総理大臣が連署することを必要とする。

第七五条

国務大臣は、その在任中、内閣総理大臣の同意がなければ、訴追されない。但し、これがため、訴追の権利は、害されない。

第六章　司法

第七六条

①すべて司法権は、最高裁判所及び法律の定めるところにより設置する下級裁判所に属する。

②特別裁判所は、これを設置することができない。行政機関は、終審として裁判を行ふことができない。

③すべて裁判官は、その良心に従ひ独立してその職権を行ひ、この憲法及び法律にのみ拘束される。

第七七条

①最高裁判所は、訴訟に関する手続、弁護士、裁判所の内部規律及び司法事務処理に関する事項について、規則を定める権限を有する。

②検察官は、最高裁判所の定める規則に従はなければならない。

③最高裁判所は、下級裁判所に関する規則を定める権限を、下級裁判所に委任することができる。

第七八条

裁判官は、裁判により、心身の故障のために職務を執ることができないと決定された場合を除いては、公の弾劾によらなければ罷免されない。裁判官の懲戒処分は、行政機関がこれを行ふことはできない。

第七九条

①最高裁判所は、その長たる裁判官及び法律の定める員数のその他の裁判官でこれを構成し、その長たる裁判官以外の裁判官は、内閣でこれを任命する。

②最高裁判所の裁判官の任命は、その任命後初めて行はれる衆議院議員総選挙の際国民の

審査に付し、その後一〇年を経過した後初めて行はれる衆議院議員総選挙の際更に審査に付し、その後も同様とする。
③前項の場合において、投票者の多数が裁判官の罷免を可とするときは、その裁判官は、罷免される。
④審査に関する事項は、法律でこれを定める。
⑤最高裁判所の裁判官は、法律の定める年齢に達した時に退官する。
⑥最高裁判所の裁判官は、すべて定期に相当額の報酬を受ける。この報酬は、在任中、これを減額することができない。

第八〇条

①下級裁判所の裁判官は、最高裁判所の指名した者の名簿によつて、内閣でこれを任命する。その裁判官は、任期を一〇年とし、再任されることができる。但し、法律の定める年齢に達した時には退官する。
②下級裁判所の裁判官は、すべて定期に相当額の報酬を受ける。この報酬は、在任中、これを減額することができない。

第八一条

最高裁判所は、一切の法律、命令、規則又は処分が憲法に適合するかしないかを決定する権限を有する終審裁判所である。

第八二条

①裁判の対審及び判決は、公開法廷でこれを行ふ。

②裁判所が、裁判官の全員一致で、公の秩序又は善良の風俗を害する虞《おそれ》があると決した場合には、対審は、公開しないでこれを行ふことができる。但し、政治犯罪、出版に関する犯罪又はこの憲法第三章で保障する国民の権利が問題となつてゐる事件の対審は、常にこれを公開しなければならない。

第七章　財政

第八三条

国の財政を処理する権限は、国会の議決に基いて、これを行使しなければならない。

第八四条

あらたに租税を課し、又は現行の租税を変更するには、法律又は法律の定める条件によることを必要とする。

第八五条

国費を支出し、又は国が債務を負担するには、国会の議決に基くことを必要とする。

第八六条

内閣は、毎会計年度の予算を作成し、国会に提出して、その審議を受け議決を経なければならない。

第八七条

①予見し難い予算の不足に充てるため、国会の議決に基いて予備費を設け、内閣の責任でこれを支出することができる。

②すべて予備費の支出については、内閣は、事後に国会の承諾を得なければならない。

第八八条

すべて皇室財産は、国に属する。すべて皇室の費用は、予算に計上して国会の議決を経なければならない。

第八九条

公金その他の公の財産は、宗教上の組織若しくは団体の使用、便益若しくは維持のため、又は公の支配に属しない慈善、教育若しくは博愛の事業に対し、これを支出し、又はその利用に供してはならない。

第九〇条

①国の収入支出の決算は、すべて毎年会計検査院がこれを検査し、内閣は、次の年度に、その検査報告とともに、これを国会に提出しなければならない。

②会計検査院の組織及び権限は、法律でこれを定める。

第九一条

内閣は、国会及び国民に対し、定期に、少くとも毎年一回、国の財政状況について報告しなければならない。

第八章　地方自治

第九二条

地方公共団体の組織及び運営に関する事項は、地方自治の本旨に基いて、法律でこれを定める。

第九三条

①地方公共団体には、法律の定めるところにより、その議事機関として議会を設置する。

②地方公共団体の長、その議会の議員及び法律の定めるその他の吏員は、その地方公共団体の住民が、直接これを選挙する。

第九四条

地方公共団体は、その財産を管理し、事務を処理し、及び行政を執行する権能を有し、法律の範囲内で条例を制定することができる。

第九五条

一の地方公共団体のみに適用される特別法は、法律の定めるところにより、その地方公共団体の住民の投票においてその過半数の同意を得なければ、国会は、これを制定することができない。

第九章　改正

第九六条

①この憲法の改正は、各議院の総議員の三分の二以上の賛成で、国会が、これを発議し、国民に提案してその承認を経なければならない。この承認には、特別の国民投票又は国会の定める選挙の際行はれる投票において、その過半数の賛成を必要とする。

②憲法改正について前項の承認を経たときは、天皇は、国民の名で、この憲法と一体を成すものとして、直ちにこれを公布する。

第十章　最高法規

第九七条

この憲法が日本国民に保障する基本的人権は、人類の多年にわたる自由獲得の努力の成果であつて、これらの権利は、過去幾多の試錬に堪《た》へ、現在及び将来の国民に対し、侵すことのできない永久の権利として信託されたものである。

第九八条

①この憲法は、国の最高法規であつて、その条規に反する法律、命令、詔勅及び国務に関するその他の行為の全部又は一部は、その効力を有しない。

②日本国が締結した条約及び確立された国際法規は、これを誠実に遵守《じゅんしゅ》することを必要とする。

第九九条

天皇又は摂政及び国務大臣、国会議員、裁判官その他の公務員は、この憲法を尊重し擁護《ようご》する義務を負ふ。

第十一章　補則

第一〇〇条

①この憲法は、公布の日から起算して六箇月を経過した日から、これを施行する。

②この憲法を施行するために必要な法律の制定、参議院議員の選挙及び国会召集の手続並びにこの憲法を施行するために必要な準備手続は、前項の期日よりも前に、これを行ふことができる。

第一〇一条

この憲法施行の際、参議院がまだ成立してゐないときは、その成立するまでの間、衆議院は、国会としての権限を行ふ。

第一〇二条

この憲法による第一期の参議院議員のうち、その半数の者の任期は、これを三年とする。

その議員は、法律の定めるところにより、これを定める。

第一〇三条

この憲法施行の際現に在職する国務大臣、衆議院議員及び裁判官並びにその他の公務員で、その地位に相応する地位がこの憲法で認められてゐる者は、法律で特別の定をした場合を除いては、この憲法施行のため、当然にはその地位を失ふことはない。但し、この憲法によつて、後任者が選挙又は任命されたときは、当然その地位を失ふ。

from the day of its promulgation.

②The enactment of laws necessary for the enforcement of this Constitution, the election of members of the House of Councillors and the procedure for the convocation of the Diet and other preparatory procedures necessary for the enforcement of this Constitution may be executed before the day prescribed in the preceding paragraph.

Article 101.

If the House of Councillors is not constituted before the effective date of this Constitution, the House of Representatives shall function as the Diet until such time as the House of Councillors shall be constituted.

Article 102.

The term of office for half the members of the House of Councillors serving in the first term under this Constitution shall be three years. Members falling under this category shall be determined in accordance with law.

Article 103.

The Ministers of State, members of the House of Representatives and judges in office on the effective date of this Constitution, and all other public officials who occupy positions corresponding to such positions as are recognized by this Constitution shall not forfeit their positions automatically on account of the enforcement of this Constitution unless otherwise specified by law. When, however, successors are elected or appointed under the provisions of this Constitution, they shall forfeit their positions as a matter of course.

CHAPTER X.

SUPREME LAW

Article 97.

The fundamental human rights by this Constitution guaranteed to the people of Japan are fruits of the age-old struggle of man to be free; they have survived the many exacting tests for durability and are conferred upon this and future generations in trust, to be held for all time inviolate.

Article 98.

①This Constitution shall be the supreme law of the nation and no law, ordinance, imperial rescript or other act of government, or part thereof, contrary to the provisions hereof, shall have legal force or validity.

②The treaties concluded by Japan and established laws of nations shall be faithfully observed.

Article 99.

The Emperor or the Regent as well as Ministers of State, members of the Diet, judges, and all other public officials have the obligation to respect and uphold this Constitution.

CHAPTER XI.

SUPPLEMENTARY PROVISIONS

Article 100.

①This Constitution shall be enforced as from the day when the period of six months will have elapsed counting their deliberative organs, in accordance with law.

②The chief executive officers of all local public entities, the members of their assemblies, and such other local officials as may be determined by law shall be elected by direct popular vote within their several communities.

Article 94.

Local public entities shall have the right to manage their property, affairs and administration and to enact their own regulations within law.

Article 95.

A special law, applicable only to one local public entity, cannot be enacted by the Diet without the consent of the majority of the voters of the local public entity concerned, obtained in accordance with law.

CHAPTER IX.
AMENDMENTS

Article 96.

①Amendments to this Constitution shall be initiated by the Diet, through a concurring vote of two-thirds or more of all the members of each House and shall thereupon be submitted to the people for ratification, which shall require the affirmative vote of a majority of all votes cast thereon, at a special referendum or at such election as the Diet shall specify.

②Amendments when so ratified shall immediately be promulgated by the Emperor in the name of the people, as an integral part of this Constitution.

the State. All expenses of the Imperial Household shall be appropriated by the Diet in the budget.

Article 89.

No public money or other property shall be expended or appropriated for the use, benefit or maintenance of any religious institution or association, or for any charitable, educational or benevolent enterprises not under the control of public authority.

Article 90.

①Final accounts of the expenditures and revenues of the State shall be audited annually by a Board of Audit and submitted by the Cabinet to the Diet, together with the statement of audit,during the fiscal year immediately following the period covered.

②The organization and competency of the Board of Audit shall be determined by law.

Article 91.

At regular intervals and at least annually the Cabinet shall report to the Diet and the people on the state of national finances.

CHAPTER VIII.

LOCAL SELF-GOVERNMENT

Article 92.

Regulations concerning organization and operations of local public entities shall be fixed by law in accordance with the principle of local autonomy.

Article 93.

①The local public entities shall establish assemblies as

conducted privately, but trials of political offenses, offenses involving the press or cases wherein the rights of people as guaranteed in Chapter III of this Constitution are in question shall always be conducted publicly.

CHAPTER VII.
FINANCE

Article 83.
The power to administer national finances shall be exercised as the Diet shall determine.
Article 84.
No new taxes shall be imposed or existing ones modified except by law or under such conditions as law may prescribe.
Article 85.
No money shall be expended, nor shall the State obligate itself, except as authorized by the Diet.
Article 86.
The Cabinet shall prepare and submit to the Diet for its consideration and decision a budget for each fiscal year.
Article 87.
①In order to provide for unforeseen deficiencies in the budget, a reserve fund may be authorized by the Diet to be expended upon the responsibility of the Cabinet.
②The Cabinet must get subsequent approval of the Diet for all payments from the reserve fund.
Article 88.
All property of the Imperial Household shall belong to

same manner thereafter.

③In cases mentioned in the foregoing paragraph, when the majority of the voters favors the dismissal of a judge, he shall be dismissed.

④Matters pertaining to review shall be prescribed by law.

⑤The judges of the Supreme Court shall be retired upon the attainment of the age as fixed by law.

⑥All such judges shall receive, at regular stated intervals, adequate compensation which shall not be decreased during their terms of office.

Article 80.

①The judges of the inferior courts shall be appointed by the Cabinet from a list of persons nominated by the Supreme Court. All such judges shall hold office for a term of ten (10) years with privilege of reappointment, provided that they shall be retired upon the attainment of the age as fixed by law.

②The judges of the inferior courts shall receive, at regular stated intervals, adequate compensation which shall not be decreased during their terms of office.

Article 81.

The Supreme Court is the court of last resort with power to determine the constitutionality of any law, order, regulation or official act.

Article 82.

①Trials shall be conducted and judgment declared publicly.

②Where a court unanimously determines publicity to be dangerous to public order or morals, a trial may be

③All judges shall be independent in the exercise of their conscience and shall be bound only by this Constitution and the laws.

Article 77.

①The Supreme Court is vested with the rule-making power under which it determines the rules of procedure and of practice, and of matters relating to attorneys, the internal discipline of the courts and the administration of judicial affairs.

②Public procurators shall be subject to the rule-making power of the Supreme Court.

③The Supreme Court may delegate the power to make rules for inferior courts to such courts.

Article 78.

Judges shall not be removed except by public impeachment unless judicially declared mentally or physically incompetent to perform official duties. No disciplinary action against judges shall be administered by any executive organ or agency.

Article 79.

①The Supreme Court shall consist of a Chief Judge and such number of judges as may be determined by law; all such judges excepting the Chief Judge shall be appointed by the Cabinet.

②The appointment of the judges of the Supreme Court shall be reviewed by the people at the first general election of members of the House of Representatives following their appointment, and shall be reviewed again at the first general election of members of the House of Representatives after a lapse of ten (10) years, and in the

(4)*Administer the civil service, in accordance with standards established by law.*

(5)*Prepare the budget, and present it to the Diet.*

(6)*Enact cabinet orders in order to execute the provisions of this Constitution and of the law.*
However, it cannot include penal provisions in such cabinet orders unless authorized by such law.

(7)*Decide on general amnesty, special amnesty, commutation of punishment, reprieve, and restoration of rights.*

Article 74.

All laws and cabinet orders shall be signed by the competent Minister of State and countersigned by the Prime Minister.

Article 75.

The Ministers of State, during their tenure of office, shall not be subject to legal action without the consent of the Prime Minister. However, the right to take that action is not impaired hereby.

CHAPTER VI.
JUDICIARY

Article 76.

①The whole judicial power is vested in a Supreme Court and in such inferior courts as are established by law.

②No extraordinary tribunal shall be established, nor shall any organ or agency of the Executive be given final judicial power.

②The Prime Minister may remove the Ministers of State as he chooses.

Article 69.

If the House of Representatives passes a non-confidence resolution, or rejects a confidence resolution, the Cabinet shall resign en masse, unless the House of Representatives is dissolved within ten (10) days.

Article 70.

When there is a vacancy in the post of Prime Minister, or upon the first convocation of the Diet after a general election of members of the House of Representatives, the Cabinet shall resign en masse.

Article 71.

In the cases mentioned in the two preceding articles, the Cabinet shall continue its functions until the time when a new Prime Minister is appointed.

Article 72.

The Prime Minister, representing the Cabinet, submits bills, reports on general national affairs and foreign relations to the Diet and exercises control and supervision over various administrative branches.

Article 73.

The Cabinet, in addition to other general administrative functions, shall perform the following functions:

(1)*Administer the law faithfully; conduct affairs of state.*

(2)*Manage foreign affairs.*

(3)*Conclude treaties. however, it shall obtain prior or, depending on circumstances, subsequent approval of the Diet.*

CHAPTER V.

THE CABINET

Article 65.

Executive power shall be vested in the Cabinet.

Article 66.

①The Cabinet shall consist of the Prime Minister, who shall be its head, and other Ministers of State, as provided for by law.

②The Prime Minister and other Ministers of State must be civilians.

③The Cabinet, in the exercise of executive power, shall be collectively responsible to the Diet.

Article 67.

①The Prime Minister shall be designated from among the members of the Diet by a resolution of the Diet.

②This designation shall precede all other business.

If the House of Representatives and the House of Councillors disagree and if no agreement can be reached even through a joint committee of both Houses, provided for by law, or the House of Councillors fails to make designation within ten (10) days, exclusive of the period of recess, after the House of Representatives has made designation, the decision of the House of Representatives shall be the decision of the Diet.

Article 68.

①The Prime Minister shall appoint the Ministers of State. However, a majority of their number must be chosen from among the members of the Diet.

be reached even through a joint committee of both Houses, provided for by law, or in the case of failure by the House of Councillors to take final action within thirty (30) days, the period of recess excluded, after the receipt of the budget passed by the House of Representatives, the decision of the House of Representatives shall be the decision of the Diet.

Article 61.

The second paragraph of the preceding article applies also to the Diet approval required for the conclusion of treaties.

Article 62.

Each House may conduct investigations in relation to government, and may demand the presence and testimony of witnesses, and the production of records.

Article 63.

The Prime Minister and other Ministers of State may, at any time, appear in either House for the purpose of speaking on bills, regardless of whether they are members of the House or not. They must appear when their presence is required in order to give answers or explanations.

Article 64.

①The Diet shall set up an impeachment court from among the members of both Houses for the purpose of trying those judges against whom removal proceedings have been instituted.

②Matters relating to impeachment shall be provided by law.

meetings, proceedings and internal discipline, and may punish members for disorderly conduct. However, in order to expel a member, a majority of two-thirds or more of those members present must pass a resolution thereon.

Article 59.

①A bill becomes a law on passage by both Houses, except as otherwise provided by the Constitution.

②A bill which is passed by the House of Representatives, and upon which the House of Councillors makes a decision different from that of the House of Representatives, becomes a law when passed a second time by the House of Representatives by a majority of two-thirds or more of the members present.

③The provision of the preceding paragraph does not preclude the House of Representatives from calling for the meeting of a joint committee of both Houses, provided for by law.

④Failure by the House of Councillors to take final action within sixty (60) days after receipt of a bill passed by the House of Representatives, time in recess excepted, may be determined by the House of Representatives to constitute a rejection of the said bill by the House of Councillors.

Article 60.

①The budget must first be submitted to the House of Representatives.

②Upon consideration of the budget, when the House of Councillors makes a decision different from that of the House of Representatives, and when no agreement can

House of Representatives within a period of ten (10) days after the opening of the next session of the Diet.

Article 55.

Each House shall judge disputes related to qualifications of its members. However, in order to deny a seat to any member, it is necessary to pass a resolution by a majority of two-thirds or more of the members present.

Article 56.

①Business cannot be transacted in either House unless one-third or more of total membership is present.

②All matters shall be decided, in each House, by a majority of those present, except as elsewhere provided in the Constitution, and in case of a tie, the presiding officer shall decide the issue.

Article 57.

①Deliberation in each House shall be public. However, a secret meeting may be held where a majority of two-thirds or more of those members present passes a resolution therefor.

②Each House shall keep a record of proceedings. This record shall be published and given general circulation, excepting such parts of proceedings of secret session as may be deemed to require secrecy.

③Upon demand of one-fifth or more of the members present, votes of the members on any matter shall be recorded in the minutes.

Article 58.

①Each House shall select its own president and other officials.

②Each House shall establish its rules pertaining to

Except in cases provided by law, members of both Houses shall be exempt from apprehension while the Diet is in session, and any members apprehended before the opening of the session shall be freed during the term of the session upon demand of the House.

Article 51.

Members of both Houses shall not be held liable outside the House for speeches, debates or votes cast inside the House.

Article 52.

An ordinary session of the Diet shall be convoked once per year.

Article 53.

The Cabinet may determine to convoke extraordinary sessions of the Diet. When a quarter or more of the total members of either House makes the demand, the Cabinet must determine on such convocation.

Article 54.

①When the House of Representatives is dissolved, there must be a general election of members of the House of Representatives within forty (40) days from the date of dissolution, and the Diet must be convoked within thirty (30) days from the date of the election.

②When the House of Representatives is dissolved, the House of Councillors is closed at the same time. However, the Cabinet may in time of national emergency convoke the House of Councillors in emergency session.

③Measures taken at such session as mentioned in the proviso of the preceding paragraph shall be provisional and shall become null and void unless agreed to by the

②The number of the members of each House shall be fixed by law.

Article 44.

The qualifications of members of both Houses and their electors shall be fixed by law.

However, there shall be no discrimination because of race, creed, sex, social status, family origin, education, property or income.

Article 45.

The term of office of members of the House of Representatives shall be four years.

However, the term shall be terminated before the full term is up in case the House of Representatives is dissolved.

Article 46.

The term of office of members of the House of Councillors shall be six years, and election for half the members shall take place every three years.

Article 47.

Electoral districts, method of voting and other matters pertaining to the method of election of members of both Houses shall be fixed by law.

Article 48.

No person shall be permitted to be a member of both Houses simultaneously.

Article 49.

Members of both Houses shall receive appropriate annual payment from the national treasury in accordance with law.

Article 50.

his use by the State.

Article 38.

①No person shall be compelled to testify against himself.
②Confession made under compulsion, torture or threat, or after prolonged arrest or detention shall not be admitted in evidence.
③No person shall be convicted or punished in cases where the only proof against him is his own confession.

Article 39.

No person shall be held criminally liable for an act which was lawful at the time it was committed, or of which he has been acquitted, nor shall he be placed in double jeopardy.

Article 40.

Any person, in case he is acquitted after he has been arrested or detained, may sue the State for redress as provided by law.

CHAPTER IV.
THE DIET

Article 41.

The Diet shall be the highest organ of state power, and shall be the sole law-making organ of the State.

Article 42.

The Diet shall consist of two Houses, namely the House of Representatives and the House of Councillors.

Article 43.

①Both Houses shall consist of elected members, representative of all the people.

is apprehended, the offense being committed.

Article 34.

No person shall be arrested or detained without being at once informed of the charges against him or without the immediate privilege of counsel; nor shall he be detained without adequate cause; and upon demand of any person such cause must be immediately shown in open court in his presence and the presence of his counsel.

Article 35.

①The right of all persons to be secure in their homes, papers and effects against entries, searches and seizures shall not be impaired except upon warrant issued for adequate cause and particularly describing the place to be searched and things to be seized, or except as provided by Article 33.

②Each search or seizure shall be made upon separate warrant issued by a competent judicial officer.

Article 36.

The infliction of torture by any public officer and cruel punishments are absolutely forbidden.

Article 37.

①In all criminal cases the accused shall enjoy the right to a speedy and public trial by an impartial tribunal.

②He shall be permitted full opportunity to examine all witnesses, and he shall have the right of compulsory process for obtaining witnesses on his behalf at public expense.

③At all times the accused shall have the assistance of competent counsel who shall, if the accused is unable to secure the same by his own efforts, be assigned to

be free.

Article 27.

①All people shall have the right and the obligation to work.

②Standards for wages, hours, rest and other working conditions shall be fixed by law.

③Children shall not be exploited.

Article 28.

The right of workers to organize and to bargain and act collectively is guaranteed.

Article 29.

①The right to own or to hold property is inviolable.

②Property rights shall be defined by law, in conformity with the public welfare.

③Private property may be taken for public use upon just compensation therefor.

Article 30.

The people shall be liable to taxation as provided by law.

Article 31.

No person shall be deprived of life or liberty, nor shall any other criminal penalty be imposed, except according to procedure established by law.

Article 32.

No person shall be denied the right of access to the courts.

Article 33.

No person shall be apprehended except upon warrant issued by a competent judicial officer which specifies the offense with which the person is charged, unless he his residence and to choose his occupation to the extent that it does not interfere with the public welfare.

②Freedom of all persons to move to a foreign country and to divest themselves of their nationality shall be inviolate.

Article 23.

Academic freedom is guaranteed.

Article 24.

①Marriage shall be based only on the mutual consent of both sexes and it shall be maintained through mutual cooperation with the equal rights of husband and wife as a basis.

②With regard to choice of spouse, property rights, inheritance, choice of domicile, divorce and other matters pertaining to marriage and the family, laws shall be enacted from the standpoint of individual dignity and the essential equality of the sexes.

Article 25.

①All people shall have the right to maintain the minimum standards of wholesome and cultured living.

②In all spheres of life, the State shall use its endeavors for the promotion and extension of social welfare and security, and of public health.

Article 26.

①All people shall have the right to receive an equal education correspondent to their ability, as provided by law.

②All people shall be obligated to have all boys and girls under their protection receive ordinary education as provided for by law. Such compulsory education shall for the redress of damage, for the removal of public officials, for the enactment, repeal or amendment of laws, ordinances or regulations and for other matters; nor shall any person be in any way discriminated against for sponsoring such a petition.

Article 17.

Every person may sue for redress as provided by law from the State or a public entity, in case he has suffered damage through illegal act of any public official.

Article 18.

No person shall be held in bondage of any kind. Involuntary servitude, except as punishment for crime, is prohibited.

Article 19.

Freedom of thought and conscience shall not be violated.

Article 20.

①Freedom of religion is guaranteed to all. No religious organization shall receive any privileges from the State, nor exercise any political authority.

②No person shall be compelled to take part in any religious act, celebration, rite or practice.

③The State and its organs shall refrain from religious education or any other religious activity.

Article 21.

①Freedom of assembly and association as well as speech, press and all other forms of expression are guaranteed.

②No censorship shall be maintained, nor shall the secrecy of any means of communication be violated.

Article 22.

①Every person shall have freedom to choose and change

abuse of these freedoms and rights and shall always be responsible for utilizing them for the public welfare.

Article 13.

All of the people shall be respected as individuals. Their right to life, liberty, and the pursuit of happiness shall, to the extent that it does not interfere with the public welfare, be the supreme consideration in legislation and in other governmental affairs.

Article 14.

①All of the people are equal under the law and there shall be no discrimination in political, economic or social relations because of race, creed, sex, social status or family origin.

②Peers and peerage shall not be recognized.

③No privilege shall accompany any award of honor, decoration or any distinction, nor shall any such award be valid beyond the lifetime of the individual who now holds or hereafter may receive it.

Article 15.

①The people have the inalienable right to choose their public officials and to dismiss them.

②All public officials are servants of the whole community and not of any group thereof.

③Universal adult suffrage is guaranteed with regard to the election of public officials.

④In all elections, secrecy of the ballot shall not be violated. A voter shall not be answerable, publicly or privately, for the choice he has made.

Article 16.

Every person shall have the right of peaceful petition

CHAPTER II.

RENUNCIATION OF WAR

Article 9.

①Aspiring sincerely to an international peace based on justice and order, the Japanese people forever renounce war as a sovereign right of the nation and the threat or use of force as means of settling international disputes.
②In order to accomplish the aim of the preceding paragraph, land, sea, and air forces, as well as other war potential, will never be maintained. The right of belligerency of the state will not be recognized.

CHAPTER III.

RIGHTS AND DUTIES OF THE PEOPLE

Article 10.

The conditions necessary for being a Japanese national shall be determined by law.

Article 11.

The people shall not be prevented from enjoying any of the fundamental human rights. These fundamental human rights guaranteed to the people by this Constitution shall be conferred upon the people of this and future generations as eternal and inviolate rights.

Article 12.

The freedoms and rights guaranteed to the people by this Constitution shall be maintained by the constant endeavor of the people, who shall refrain from any designated by the Diet.

②The Emperor shall appoint the Chief Judge of the Supreme Court as designated by the Cabinet.

Article 7.

The Emperor, with the advice and approval of the Cabinet, shall perform the following acts in matters of state on behalf of the people:

(1)*Promulgation of amendments of the constitution, laws, cabinet orders and treaties.*

(2)*Convocation of the Diet.*

(3)*Dissolution of the House of Representatives.*

(4)*Proclamation of general election of members of the Diet.*

(5)*Attestation of the appointment and dismissal of Ministers of State and other officials as provided for by law, and of full powers and credentials of Ambassadors and Ministers.*

(6)*Attestation of general and special amnesty, commutation of punishment, reprieve, and restoration of rights.*

(7)*Awarding of honors.*

(8)*Attestation of instruments of ratification and other diplomatic documents as provided for by law.*

(9)*Receiving foreign ambassadors and ministers.*

(10)*Performance of ceremonial functions.*

Article 8.

No property can be given to, or received by, the Imperial House, nor can any gifts be made therefrom, without the authorization of the Diet.

CHAPTER I.
THE EMPEROR

Article 1.
The Emperor shall be the symbol of the State and of the unity of the people, deriving his position from the will of the people with whom resides sovereign power.
Article 2.
The Imperial Throne shall be dynastic and succeeded to in accordance with the Imperial House Law passed by the Diet.
Article 3.
The advice and approval of the Cabinet shall be required for all acts of the Emperor in matters of state, and the Cabinet shall be responsible therefor.
Article 4.
①The Emperor shall perform only such acts in matters of state as are provided for in this Constitution and he shall not have powers related to government.
②The Emperor may delegate the performance of his acts in matters of state as may be provided by law.
Article 5.
When, in accordance with the Imperial House Law, a Regency is established, the Regent shall perform his acts in matters of state in the Emperor's name. In this case, paragraph one of the preceding article will be applicable.
Article 6.
①The Emperor shall appoint the Prime Minister as

of the world have the right to live in peace, free from fear and want.

We believe that no nation is responsible to itself alone, but that laws of political morality are universal; and that obedience to such laws is incumbent upon all nations who would sustain their own sovereignty and justify their sovereign relationship with other nations.

We, the Japanese people, pledge our national honor to accomplish these high ideals and purposes with all our resources.

THE CONSTITUTION OF JAPAN

We, the Japanese people, acting through our duly elected representatives in the National Diet, determined that we shall secure for ourselves and our posterity the fruits of peaceful cooperation with all nations and the blessings of liberty throughout this land, and resolved that never again shall we be visited with the horrors of war through the action of government, do proclaim that sovereign power resides with the people and do firmly establish this Constitution. Government is a sacred trust of the people, the authority for which is derived from the people, the powers of which are exercised by the representatives of the people, and the benefits of which are enjoyed by the people. This is a universal principle of mankind upon which this Constitution is founded. We reject and revoke all constitutions, laws, ordinances, and rescripts in conflict herewith.

We, the Japanese people, desire peace for all time and are deeply conscious of the high ideals controlling human relationship, and we have determined to preserve our security and existence, trusting in the justice and faith of the peace-loving peoples of the world. We desire to occupy an honored place in an international society striving for the preservation of peace, and the banishment of tyranny and slavery, oppression and intolerance for all time from the earth. We recognize that all peoples

Signed : HIROHITO, Seal of the Emperor

This third day of the eleventh month of the twenty-first year of Showa
(November 3, 1946)

Countersigned :

Prime Minister and concurrently Minister for Foreign Affairs	YOSHIDA Shigeru
Minister of State	Baron SHIDEHARA Kijuro
Minister of Justice	KIMURA Tokutaro
Minister for Home Affairs	OMURA Seiichi
Minister of Education	TANAKA Kotaro
Minister of Agriculture and Forestry	WADA Hiroo
Minister of State	SAITO Takao
Minister of Communications	HITOTSUMATSU Sadayoshi
Minister of Commerce and Industry	HOSHIJIMA Niro
Minister of Welfare	KAWAI Yoshinari
Minister of State	UEHARA Etsujiro
Minister of Transportation	HIRATSUKA Tsunejiro
Minister of Finance	ISHIBASHI Tanzan
Minister of State	KANAMORI Tokujiro
Minister of State	ZEN Keinosuke

THE CONSTITUTION OF JAPAN

I rejoice that the foundation for the construction of a new Japan has been laid according to the will of the Japanese people, and hereby sanction and promulgate the amendments of the Imperial Japanese Constitution effected following the consultation with the Privy Council and the decision of the Imperial Diet made in accordance with Article 73 of the said Constitution.

解説　読んでみて分かること

なだいなだ

ごく一部の読者には、またあの話かと思われるかもしれないが、あえて、ここでまた書く。ぼくの書いた本は、ミリオンセラーになったことはないので、読んでいない人の方が、絶対に多いと思うからだ。

ぼくが「全国ラジオ子ども電話相談室」の回答者《かいとうしゃ》をしていたときのことだ。一人の小学五年生の子どもが電話をかけてきた。大阪の子どもだったと思う。こんな質問をした。

「日本は民主主義の国なのに、どうして代議士《だいぎし》の子どもが代議士になるのですか」

「それはねえ」とそこまで習慣で答えて、ウッと次の言葉が出てこなくなった。

「ほんとうにどうしてだろう」

考えたら、こっちが分からなくなった。だから一緒に考えることにした。

「どうしてだろうねえ」

「どこかが間違っているのじゃないのですか」

小学生はいいことをいってくれる。

「そうに違いない。きっとそうだ。だけど、どこが間違っているのだろう？」

「そこが分からないんで、電話をかけたのです」

もっともだ。もっとも過ぎるくらいだ。

「親には聞いたかね」

とぼくは問い返した。

「聞きました。すると学校の先生に聞けといいました」

「で、学校の先生はなんといった」

「先生に質問したら《ラジオ子ども電話相談室に電話をかけてみろ》といわれまし

た」

こういうのを盥回《たらいまわ》しという。なぜ盥回しというのだろう。疑問がわいてきたが、あとで考えることにする。子どもの答えを聞きながら、学校の先生から、あそこに聞いてみろ、といわれるのだから、子ども電話相談室も、たいしたもんだ、とぼくはつぶやいた。

「そうか。先生がそういったか」

どうやら、指導要綱《しどうようこう》には《そういう質問にはこう答えろ》と書いてないらしいな。いや、これはこっちの独《ひと》り言《ごと》だ。先生を指導する文部省の小中学校課のお役人の、模範解答《もはんかいとう》を聞いてみたくなったぞ。担当者は答えられるかな。これもこっちの独り言だ。

「うーん、学校の先生はそういったか」

独り言をいいながら、ぼくは考えていたのだ。むこうもつぶやくようにいった。

「もしかして、民主主義って、勉強するのに時間がかかることなんじゃありませんか」

　ぼくは子どもの答にしびれた。

「それだ。それだよ、君」

「なにが、それですか」

「時間がかかるということ。日本は、建前《たてまえ》は民主主義の国になったんだ。でも、まだ、本当に民主主義になったとはいえない。だから親が代議士なので、子どもも代議士になる場合がまだ多いのだよ」

「選ぶ人が、まだ民主主義が分かっていないのですか」

「きっとそうだ。選ばれる方が、民主主義が分かっているかどうかも問題だがね」

「選ぶ人も、選ばれる人も、民主主義とはなにかが分かるまで、時間がかかるということですか」

「そうだよ。ぼくはそう考える。時間がかかるばかりでなく、さまざまな経験をして、そうなるための努力をしなければならないという意味もある。ともかくも、日本はまだ十分に民主主義になっていないということだ」

ぼくはなんとかそう答えて、「少し分かってきた」と、その子どもに許してもらったが、今でも、そのときのことを忘れない。

解説を書くために、この『憲法《けんぽう》なんて知らないよ』を読みながら、ぼくの頭に浮かんだのも、まず、その記憶だった。そして、あのとき憲法を読めと助言しなかったことを、ちょっぴり悔やんだ。だが、そういったところで、子どもが読んだか、どうか。六法全書《ロッポウゼンショ》を開いて憲法を読む気がしたかどうか。おそらく読まなかったのではないか。今なら、この池澤《いけざわ》訳の、日本国憲法を読んでごらんというだろう。

日本国憲法は敗戦の翌年、一九四六年一一月三日に発布《はっぷ》された。ここで、戦後の日本が、民主国家になるという建前が決まった。それから、本当の建設に入る段取《だんど》りだった。池澤訳によるとこうなる。

「政府は、国民みなが信じて託《たく》した一人一人の大事な気持ちによって運営される。

政府がいろいろなことをできるのは国民が政府を支えるからである。政府の権力は私たちの代表を通じて行使されるし、その結果得られる幸福はみなが受け取る」

これは理想だが、憲法が発布されたあと、それに向けて進むことになっていた。だが、それから何十年かたったのち、国会の議員の半数以上が二世三世の議員、さらに何割かの議員が、企業と関係の強かったもと高級公務員であるというすがたを見ると、どこかで間違ったという気がするのは、質問してきた小学生ばかりではあるまい。

建前（理想）が、どこかで忘れられてしまった。建前とは憲法のことだ。忘れられたのは、憲法があまり読まれなかったせいだ。憲法改革派《かいかくは》も憲法を読んでいないが、護憲派《ごけんは》だってあまり読んでいなかった。

こんなことは自慢にならないが、告白すると、ぼくも憲法を第一条から第一〇三条まで通して読んだことは、今回が初めてだ。改憲反対、第九条を守れ、といいながら、第九条のほかは、あまり読んだことがなかった。通して読もうと試みなかったわけではない。何回かあるが、そのたびに、法律《ほうりつ》の文章は、なんて、分かりにくくて、その上、つまらない文章なのだろう、と文章のせいにして、途中で放り出した。今回読んでみたが、大した長さではない。読めなかったのがおかしいくらいだが、それが事実だ。

明治憲法ができた時、憲法をあまりにも大切に思い過ぎて、神棚《かみだな》に上げて拝んで、読みもしなかった、という人々がいたが、その人たちを笑えない。今回、読んでみたら、要らないところも、たくさんあった。施行《しこう》手続きのような、虫垂《ちゅうすい》ともいえる部分が、何で今まで、六〇年間も、憲法の一部としてぶら下がって印刷され続けてきたか、首を傾《かし》げたくなった。

最高裁判所裁判官など、今の憲法では、困った最高裁の裁判官がいても、実質的にやめさせることが国民にはできない。選挙の時に行われる審査《しんさ》の投票のたびごとに、誰もがおかしいと思い続けてきたことだ。だが、やめようという世論が起きなかったのは、改憲となると、第九条も一緒に変えられてしまうかも知れないという心配だけが理由ではなく、みなが、憲法を最後まで通して読まなかったせいだろうと思う。こんな制度はやめるべきだという考えは、護憲勢力側からも、改憲の議論になって出てきてもよかった。だが、通して読めば、この憲法に誇《ほこ》りを持ち、またその中でも、第九条に誇りを持っただろうと思う。

すべての法律にはアフターケアが必要で、実際にあうように、改良していく努力を積み重ねねばならないが、憲法もその例外ではない。ぼくたちは憲法をマジノ線として消極的に防御《ぼうぎょ》するよりは、積極的に憲法を出発点として、もっと日本を理想に近いように変えていくべきだった。この積極性を持たなかったことが、護憲勢力の今の危機につながっているとぼくは見る。

池澤夏樹の『憲法なんて知らないよ』は、英文憲法を日本語に訳したものだ。改憲論者の主張は、今の憲法が、アメリカの押し付けた憲法だということを根拠《こんきょ》にしている。実際、日本の憲法の議論は、この英文の憲法を参考にして行われた。日本の憲法として決まった方（日本文憲法）は、勝手に手を加え、やさしい文章にすることはできない。だが、英文の方なら、どんな訳文にすることも可能だ。いろいろな形のものが試みられていいし、本物より、わかりやすく、読みやすい文章にすることも自由だ。こうすると、通して読むことも簡単《かんたん》だ。池澤はじつに頭のいいことを考えた。これなら、だれでも憲法が読める。この本で、ぼくが初めから終わりまで、ちゃんと憲法を読んだのだからたしかだ。前文の、

「これは政治というものについての世界の人々の基本的な考えであり、私たちの憲法もこの考えを土台にして作られている。

この考えとぶつかるような憲法や法律、条例《じょうれい》、勅令《ちょくれい》を私たちは認めないし、前に作られたものが残っていれば棄《す》てる。

私たち日本人はどんな時でも心から平和を求め、人と人の仲を結ぶ高い理想を決して忘れないと決意した上で、日本という国の永続と安全については、私たち同様に平和を大事に思う世界の人々の正義感と信念に委《ゆだ》ねることにした」

を読んだものは、納得《なっとく》！　と叫びたい気分になる。

池澤夏樹は戦争の終わった年に生まれた。生年月日を知らないが、八月十五日前に生まれたにしろ、それ以後にしろ、戦争中に身ごもられた子供であることは間違いない。憲法が発布された日の記憶は、かれには、おそらくあるまい。

そのころ、日本人全体が、自分の起こした戦争の反省の中にいた。つい最近起こった東南アジアの津波の被害はすさまじい。一〇万人以上の人が、一日にして死亡するという天災をテレビで見て、声を失った人も多かろう。だが、東京大空襲では、同じくらいの数の人間が一晩で焼き殺されたのである。沖縄戦がそのあとにあった。原爆がさらにそのあとにあった。一瞬にして数万の人が命を奪われた。そういう記憶の消えない中で、日本は憲法で不戦を誓《ちか》ったのだ。だから第九条は、納得の条項だったし、それがアメリカ人の作った原案《げんあん》にあったとしても、戦争で負けたものばかりでなく、勝った方にも、もう戦争のない世界にしたいという気持ちがあったということだ。だから、これは、勝者も敗者も納得した、世界に対する、こうすればいいのだという共同の積極的な提案でもあった。

世界の各国の憲法は、憲法間で人間の理想を互いにやり取りしてできている。フランスの一九五八年の憲法には、リンカーンのゲティスバーグの演説の中の有名な言葉「人民の人民による人民のための政府」が入っている。また、世界の多くの憲法には、一七八九年のフランス革命時の人権宣言《じんけんせんげん》の、「自由とは、他人の自由の権利を侵さない限りのすべてのことが許されること」という自由の定義のコピーが見られる、という具合だ。日本の憲法の中に、「法律の前では人はみんな平等である。人種や、信条、性別、社会的な地位や家系を理由に、政治と経済、それに社会関係において人を差別してはいけない」という第一四条の文章が、世界の他の国の憲法にもあるからといって、オリジナリティがないと嘆く必要はない。他人の考えでも堂々ともらえばいいし、自分たちも新しい考えを、世界に提案すればいいのだ。

池澤はそういう考え方だが、ぼくも両手《もろて》を上げて賛成だ。足まで上げたいところだが、年齢《とし》のせいでできないのが残念だ。人類という見方ができるなら、自分たちは人類に思想的に貢献しうることを喜んでもいいのだ。人権宣言にある、「国会を構成する人民の代表は、人権に関する、無知と忘却《ぼうきやく》と無視《むし》が、人民の不幸と政府の腐敗《ふはい》の原因であることを考え、ここに人間の基本的権利を明白《めいはく》にすることにした」という文章も、世界の人間の心に残りつづけるだろう。それがどこの国の憲法の中に見えようと、著作権《ちよさくけん》の侵害《しんがい》だなどと抗議《こうぎ》するフランス人はいない。

それら、人類の先輩《せんぱい》たちの考えをいろいろと取り入れた上で、さらに、誰もがなしえなかった、不戦の誓いを第九条に入れた、このオリジナリティを持った憲法を読んで、ぼくも池澤と同じように、

「やっぱりこれはずいぶんいい憲法だよ」

といいたい。

ついでに、こんな訳文のような文章で書かれた憲法が、ほんとうに持てる日がきたらどんなにいいだろうかと思う。

二〇〇五年一月パリにて

mao.

集英社文庫

憲法《けんぽう》なんて知《し》らないよ

2005年4月25日　第1刷

定価はカバーに表示してあります。

著者　池《いけ》　澤《ざわ》　夏《なつ》　樹《き》

発行者　谷　山　尚　義

発行所　株式会社　集　英　社
東京都千代田区一ツ橋2―5―10
〒101-8050
(3230) 6095 (編集)
電話　03 (3230) 6393 (販売)
(3230) 6080 (制作)

印　刷　凸版印刷株式会社

製　本　加藤製本株式会社

Printed in Japan

ISBN4-08-747814-9 C0195